COURS COMPLET DE PEINTURE A L'HUILE
(*L'Art — La Science — Le Métier du Peintre*)

FLEURS, FRUITS

LÉGUMES & GIBIER

PAR

Ernest HAREUX

*Trente-six gravures dans le texte. — Cinq hors texte.
Sept fac-similés en couleurs.*

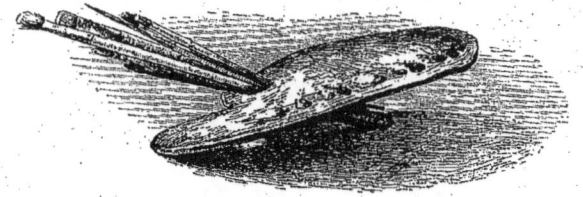

PARIS
LIBRAIRIE RENOUARD. — H. LAURENS, ÉDITEUR
6, RUE DE TOURNON, 6

COURS COMPLET DE PEINTURE A L'HUILE

FLEURS, FRUITS
LÉGUMES ET GIBIER

COURS COMPLET DE PEINTURE A L'HUILE

L'ART — LA SCIENCE — LE MÉTIER DU PEINTRE

DIVISION DE L'OUVRAGE :

1re Partie. — **L'outillage.**
2e Partie. — **Natures mortes.**
3e Partie. — **Fleurs, Fruits, Légumes et Gibier.**
4e Partie. — **Paysages.**

5e Partie. — **Marines.**
6e Partie. — **Animaux.**
7e Partie. — **Figures, Genre, Portraits.**

Chaque partie se vend séparément.

COURS COMPLET DE PEINTURE A L'HUILE
(*L'Art* — *La Science* — *Le Métier du Peintre*)

FLEURS, FRUITS
LÉGUMES & GIBIER

PAR

Ernest HAREUX

Trente-six gravures dans le texte. — Cinq hors texte
Sept fac-similés en couleurs.

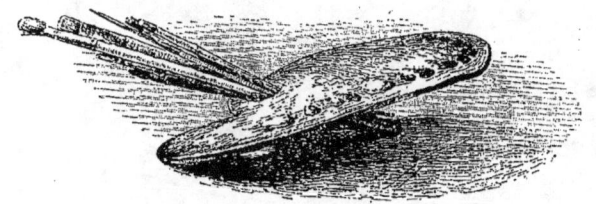

PARIS
LIBRAIRIE RENOUARD — H. LAURENS, ÉDITEUR
6, RUE DE TOURNON, 6

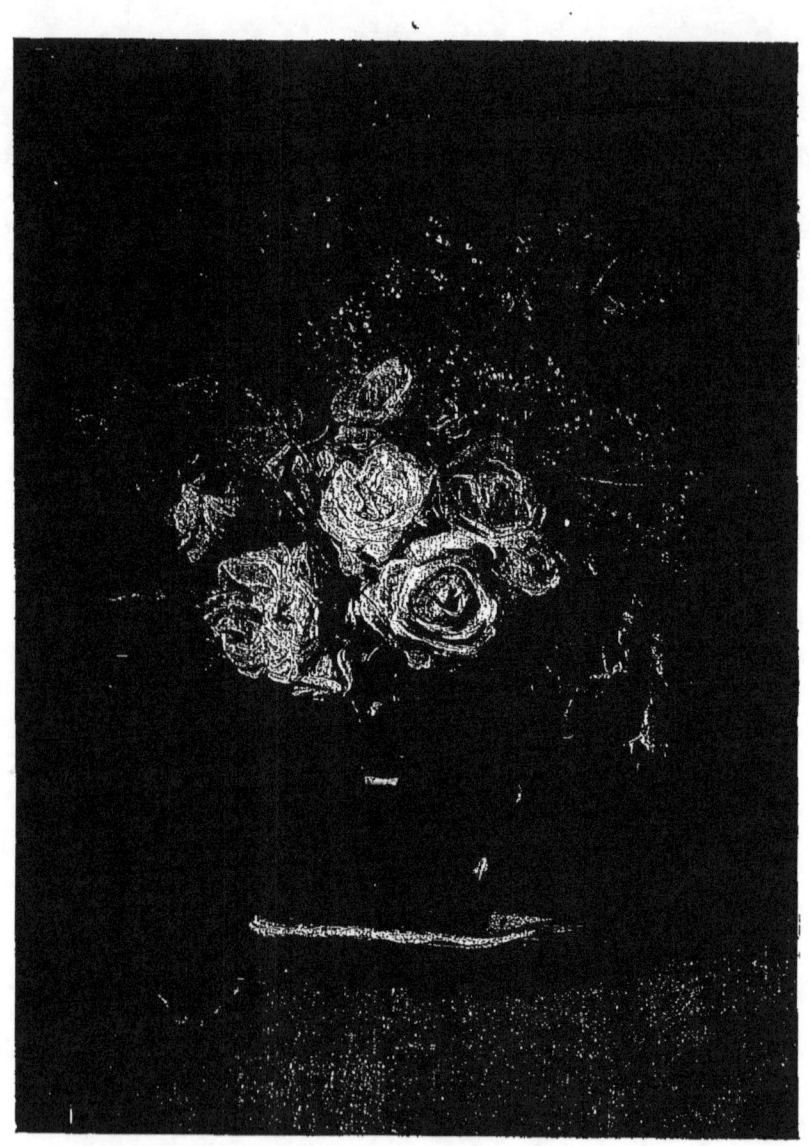

ÉTUDE D'UN BOUQUET

COURS COMPLET
DE PEINTURE A L'HUILE

FLEURS, FRUITS, LÉGUMES
ET GIBIER

Les fleurs. — Dès les commencements de la peinture, les fleurs ont été, pour les artistes, l'objet d'une sollicitude particulière; ils avaient compris tout le charme qu'on pouvait en tirer par leur reproduction et s'y étaient appliqués. Ce n'est cependant que vers 1600, époque où l'art de la peinture fut porté à un très haut degré de perfection que l'on commença à peindre les fleurs en les considérant comme suffisamment intéressantes pour les étudier seules.

David de Heem, le peintre hollandais, né en 1600, mort en 1674, fut un des premiers à se spécialiser en ce genre; mais comme il semble s'être adonné encore plus particulièrement à l'étude des fruits, nous en reparlerons plus loin, en traitant ce genre.

Abraham Mignon, le peintre allemand, né à Francfort-sur-le-Mein en 1639, mort en 1697 ou 1679, suivant le dire de certains biographes, et contemporain de David de Heem, fut un peintre très étonnant par l'habileté avec laquelle il exécutait les fleurs, les insectes et en général les Natures mortes. Le musée du Louvre possède de ce peintre six tableaux, dont l'un surtout est l'objet d'une curiosité particulière pour les artistes. Le tableau auquel nous venons de faire allusion, et dont le titre nous échappe, montre entre autres curiosités, un petit escargot à raies jaunes et noires d'une habileté d'exécution qui défie toute comparaison. On y voit aussi, ce qui est peut-être moins apprécié des profanes, de petites chenilles longues d'environ un centimètre et grosses d'un millimètre. Ces chenilles sont suspendues à un fil, comme les araignées et ce fil est suffisamment visible sans être sec. Au point de vue du métier, on ne peut rien imaginer de plus difficile à peindre, et personne aujourd'hui ne pourrait le faire aussi bien. Dans un autre tableau, on voit aussi des papillons admirables, ils sont peints de façon à désespérer les artistes qui ont le malheur d'attacher à l'exécution une importance trop grande, mais ce qui est certainement le summum de l'adresse et confond tous les praticiens, c'est toujours dans ce même tableau la réflexion d'une fenêtre dans le brillant d'une carafe ! Il n'y a de nos jours qu'un peintre qui ait approché de cette perfection du métier, c'est Blaise Desgoffes dont nous avons parlé au commencement de cet ouvrage, en traitant les Natures mortes.

Parmi les peintres français qui ont obtenu le plus de célébrité en peignant les fleurs, il faut citer en première ligne, Monnoyer (Jean-Baptiste), peintre et graveur, né à Lille en 1634, mort à Londres le 16 février 1699.

Ses contemporains l'appelaient Baptiste tout court, pour affirmer la sympathie et l'estime dans lesquelles ils le tenaient; cette abréviation s'est continuée depuis parmi les admirateurs de ce grand artiste, et bon nombre d'amateurs et de peintres ne savent même pas qu'il s'appelait Monnoyer.

Il y a deux façons d'envisager l'art du peintre de fleurs; les uns soutiennent qu'il doit être tout d'exécution, à cause de la grâce et de la délicatesse de forme de chaque fleur, les autres prétendent, au contraire, qu'il ne faut voir dans la représentation des fleurs par la peinture, que le prétexte à décoration que fournit leur incomparable éclat et leur infinie variété. Baptiste qui savait exécuter aussi bien que ses plus forts rivaux, fut le plus grand décorateur de son temps et le premier qui introduisit les panneaux de fleurs dans la décoration des appartements et réunit tous les suffrages en plaisant à tous par son double talent de peintre et de décorateur.

L'École française, ancienne et moderne, compte beaucoup de peintres de fleurs d'un réel talent.

Parmi les glorieux morts qui furent nos contemporains, il faut citer le peintre de fleurs, *Vincelet*, dont le talent de tout premier ordre, semble oublié maintenant des artistes et des amateurs. A quoi cela tient-il ? Est-ce à cause de la rareté de ses toiles qui, étant donné leur petit nombre et leur valeur commerciale ne se voient dans les ventes publiques qu'accidentellement? Est-ce à cause de la manière noire qu'affectionnait l'artiste, et qui n'est plus de mode en ce moment ? C'est ce qu'on ne pourrait affirmer sérieusement; mais son heure reviendra quand on se sera fatigué de la peinture faite en pochade, où l'exécution est souvent par trop négligée et qu'un retour se produira vers la peinture bien faite. L'artiste était assez scrupuleux pour considérer le dessin et l'exécution comme ayant autant d'intérêt pour le peintre que la coloration, aussi a-t-il peint des fleurs où toutes les plus belles qualités de peintre et de dessinateur se trouvent réunies.

Nous ne pouvons passer sous silence le beau talent de peintre de fleurs de Mme *Apoil* qui obtint tant de succès aux salons de 1846 et de 1848. Elle fit, pendant de longues années, des œuvres qui contribuèrent à la gloire de la manufacture nationale de Sèvres, pour laquelle elle a toujours travaillé.

Citons encore *Eugène Petit*, peintre de fleurs, qui eut autant de talent comme peintre que comme décorateur.

Il y a actuellement beaucoup de peintres de fleurs, et chaque année au Salon, ils y exposent des toiles fort remarquables, où le talent n'est pas contestable, mais il y en a bien peu qui, en dehors des qualités de dessin, de couleur et de composition, sachent mettre dans leurs toiles une émotion, ce qui est l'art suprême. L'artiste, en effet, ne se révèle qu'à ce prix et il ne suffit pas de savoir tout ce que les professeurs nous enseignent pour être un artiste.

Le don, la bosse, comme le dit Töpffer, n'est pas, hélas, l'apanage de tous ceux qui font de l'art une carrière, et au milieu de tant de peintres, combien peut-on citer d'artistes réellement dignes de ce titre? Il faut considérer que l'artiste qui se spécialise dans la peinture des fleurs, renonce volontairement à une très grande quantité de moyens d'expression et rétrécit lui-même son champ d'exploitation. La *fleur*, considérée au point de vue de l'expression, n'a pas, comme la *figure* ou le paysage, le don d'émouvoir par son seul aspect; il faut donc que le peintre soit un réel artiste, s'il s'élève aux plus hauts sommets de l'art avec les moyens rudimentaires que lui fournissent les fleurs. Il doit les peindre avec son âme, avec le culte d'un dévot pour la Vierge, avec la passion d'un croyant pour son Dieu. Mais il faut posséder le don, la vision intérieure, pour trouver dans la reproduction de quelques fleurs, le prétexte et le moyen d'émouvoir. Oubliant le métier, juste assez pour qu'il n'entrave pas son envolée, l'artiste peut, d'un bouquet fané ou de quelques fleurs seulement placées de certaines façons ou sur un objet symbolique, éveiller en nous, toute une foule de pensées. Le bouquet fané, desséché, dont les teintes douces et le parfum absent, font un véritable squelette, n'est, pour la plupart des gens, même très intelligents, qu'une chose morte, encombrante et sans autre intérêt. Pour un artiste qui ressent toute la poésie des fleurs mortes, il y a là une mine féconde à exploiter et des effets saisissants, dont il saura tirer profit; le bouquet fané est à lui seul un triste évocateur, sa vue nous fait revivre tout un passé de joies ou de douleurs. On conviendra que pour faire naître une émotion avec un si simple sujet et retenir le spectateur assez longtemps pour qu'il oublie la peinture qu'il regarde, il faut posséder, non seulement toutes les qualités d'un maître, mais aussi ce je ne sais quoi d'indéfinissable qui fait l'artiste.

Parmi nos peintres contemporains, les plus doués, il faut immédiatement citer *Achille Cesbron*. Cet artiste n'est pas seulement un spécialiste, puisqu'il a prouvé qu'il était également à l'aise en peignant des figures, des paysages, des Natures mortes ou des fleurs. Personne plus que lui n'est ému devant la nature, et ne sait communiquer son émotion par la peinture quel que soit le genre qu'il aborde. Qui de nous ne se souvient du superbe tableau exposé au Salon il y a quelques années, et qui avait pour titre : « *Fleurs du Sommeil?* » C'était un champ de pavots éclairé par la lune et au-dessus duquel flottait une brume légère, dans laquelle on distinguait une forme de femme, symbolisant la déesse du sommeil. L'effet rendu était superbe et l'artiste obtint un grand succès. Cesbron est très apprécié et très recherché des amateurs et des artistes, ses toiles sont l'objet d'une attention toute particulière, à cause de l'inattendu des sujets. On croit qu'il va nous montrer des fleurs ou des paysages, et quand le Salon ouvre, on y voit des figures comme son tableau intitulé : « Une soirée chez le peintre Français », où tout un groupe de peintres et d'artistes sont réunis et peints avec une ressemblance frappante. Le peintre s'amuse aussi à d'autres récréations, et nous surprend encore en nous montrant des Natures mortes d'une vision et d'un sentiment tout particulier, comme dans son tableau des pommes de terre cuites, dont nous allons parler plus loin.

Il nous a paru intéressant de demander à M. Achille Cesbron, comment il entendait conseiller aux jeunes artistes de diriger leurs études pour devenir des peintres de fleurs; voici ce qu'il a eu l'obligeance de nous répondre :

« La peinture de fleurs, bien qu'elle soit un genre très déterminé, n'a point de procédés qui lui soient spéciaux. C'est un sujet de choix sur lequel des artistes peuvent se spécialiser; l'éducation qui y conduit, n'a pas d'autres lois que celle de la peinture en général.

« Ce sont les mêmes conditions physiologiques de perception des spectacles et les mêmes conditions matérielles d'exécution.

« Cependant, qu'il me soit permis de dire quelques mots de sa condition morale : La fleur, couronnement et splendeur du monde végétal, est, parmi toutes les beautés de la nature, celle dont l'attrait nous est le plus immédiatement sensible. Tous les hommes aiment les fleurs, et nous les associons comme des sœurs chéries, à toutes nos émotions, à nos joies, comme à nos douleurs. Cela crée à l'artiste qui se consacre à elles, une situation toute particulière. Tandis que, dans tout autre genre, l'artiste peut, dans la mesure même de son tempérament, remplir la mission suprême de l'art, « la révélation de l'infinie beauté », qu'il peut découvrir et montrer cet objet des aspirations humaines, jusque dans les aspects les plus revêches de la nature; ce sacerdoce semble lui échapper ici. Aussi les peintres de fleurs, pour la plupart, se jetèrent-ils de tout temps vers une autre branche de l'art, la décoration, dont l'objet agréable et charmant par excellence, est aussi de faire du bonheur humain en parant le mieux possible les choses qui accompagnent notre existence, nos édifices, nos propres demeures et les divers objets fabriqués par nos mains, pour notre usage particulier.

« Dans cette direction, l'artiste a moins que dans la peinture proprement dite, à concentrer son attention sur cet aspect général, si fugitivement perceptible où se manifeste l'âme des choses; son objet principal est la grâce de la forme, l'exquisité des tons, la délicatesse de matière des fleurs; il doit s'appliquer à en connaître par cœur les diverses espèces, elles seront les documents de son ingéniosité, les servantes de son goût et l'habileté de sa main sera là, toujours heureusement exercée.

« Pourtant, le peintre de fleurs peut être quand même un artiste au sens abstrait et suprême de ce mot. Pour cette tâche sacrée, plus qu'en aucun autre genre, il lui faudra posséder à fond les éléments de son mode d'expression, qu'il soit parfait dessinateur et peintre, puis développant au paroxysme sa sensibilité, qu'il s'identifie à ses chers modèles au point d'y confondre son âme. Alors il pourra transmettre aux autres hommes une émotion plus profondément heureuse.

« Moins initiateur, moins apôtre peut-être, il sera prêtre du divin révélé et peindra ses fleurs pieusement, comme à genoux.

« A. Cesbron. »

On voit par la lecture de cette lettre, que l'artiste se sert aussi facilement de la plume que de la brosse et qu'il sait exprimer avec les mots, ce qu'il raconte si bien avec le pinceau.

Nous éprouvons le besoin de redire souvent que les conseils donnés ici ne sont pas absolus. Il faut qu'on soit bien pénétré que nous n'avons jamais eu l'intention de dire : Faites comme ceci, c'est la seule manière ! Nous savons fort bien qu'on peut obtenir le même résultat par d'autres moyens, et il nous arrive même de réfléchir longuement avant de donner un conseil, en apparence futile, mais dont l'importance ne peut s'apprécier qu'après de longues années de pratique.

Le but de ce livre est de donner aux débutants des conseils qui, tout en leur mettant un procédé dans la main, puisse à la fois leur permettre de rester dans les principes enseignés par les professeurs et leur laisser toute liberté pour ajouter ou retrancher, ce que bon leur semblera.

Puisque rien n'est absolu, il est donc bien entendu que notre méthode peut être modifiée, et c'est ce qui se produira, nous en sommes convaincus, après que les études auront fait naître chez l'élève un discernement qui ne vient qu'après de patientes recherches.

Conseils sur la manière de procéder pour peindre les fleurs. — Nous supposons que celui qui consulte ce livre a déjà beaucoup dessiné, et la première recommandation qu'il y trouvera est celle-ci : Il faut continuellement dessiner pour devenir un peintre de fleurs. Ces charmeuses ont autant d'attrait par leurs formes que par leurs couleurs si variées, et l'on peut, rien que par le dessin, en tirer des effets surprenants.

Un peintre qui veut s'adonner exclusivement à l'étude des fleurs, doit donc les étudier pour ainsi dire anatomiquement. Il faut qu'il procède méthodiquement en commençant par apprendre à connaître leurs noms, leurs espèces et leurs diverses variétés, qu'il sache comment elles s'attachent aux tiges ou aux branches, et comment elles sont construites. La construction d'une fleur doit être, pour un artiste, aussi importante que la construction d'une figure; c'est pourquoi il lui est nécessaire d'en faire des études anatomiques en en détachant les pétales pour dessiner le cœur et comprendre les lois de ces divines constructions. Il n'est peut-être pas indispensable à un peintre d'être un savant botaniste, mais s'il peut l'être, cela lui sera plus utile et facilitera ses études.

Le meilleur dessin, au point de vue des services qu'il doit rendre comme document, est le dessin fait à la plume et à l'encre de Chine. Ce dessin qui exige une précision, une explication de tous les moindres détails, ne permet pas, comme avec les autres procédés, d'escamoter des parties difficiles à dessiner ou incomprises. Il est donc nécessaire de dessiner une fleur isolément, en la faisant poser de face, de dos et en différents raccourcis. On peut en faire des dessins au trait, tout simplement et sans ombres, mais comme c'est aussi beaucoup plus difficile qu'en y plaçant les ombres, il sera prudent de ne faire des dessins aussi simples qu'après un entraînement qui aura appris à connaître la fleur que l'on veut ensuite dessiner au trait. Il est bon de procéder avec ordre dans tous les genres d'études en général; c'est pourquoi il faudra mettre une certaine méthode à dessiner les fleurs et à les classer par genres et par espèces.

Ainsi, par exemple, si on dessine un dahlia, il sera très utile d'en copier de différentes espèces, des simples et des doubles, et d'en varier les couleurs le plus possible pour documenter ses cartons.

Il est aussi très utile, pour être consulté à l'occasion, d'enrichir ses documents de dessins aquarellés non pas de belles aquarelles où l'habileté charme avant tout, mais de dessins faits à la plume avec un trait impeccable dans lequel le ton des pétales de la fleur, le ton de sa tige et de ses feuilles sont notés exactement. Ces dessins, dont nous donnons ci-contre un fac-similé en noir, ont peut-être un aspect rébarbatif et on trouvera, sans doute, qu'ils sont plutôt faits pour un ouvrage de botanique que pour meubler la mémoire d'un peintre, mais l'expérience nous ayant démontré la grande utilité de ces aide-mémoire, nous les recommandons aux chercheurs qui veulent travailler sérieusement.

FLEURS

Pour gagner du temps et varier les procédés, il sera bon de faire des dessins à la mine de plomb, au crayon conté et à la plume et crayons mêlés, en employant le papier gratté. Ce genre de dessin est très recommandable, car il permet de pousser l'exécution aussi loin que possible, tout en facilitant la rapidité des moyens. On sait que le papier gratté est un papier à dessin assez fort, recouvert d'une couche légère

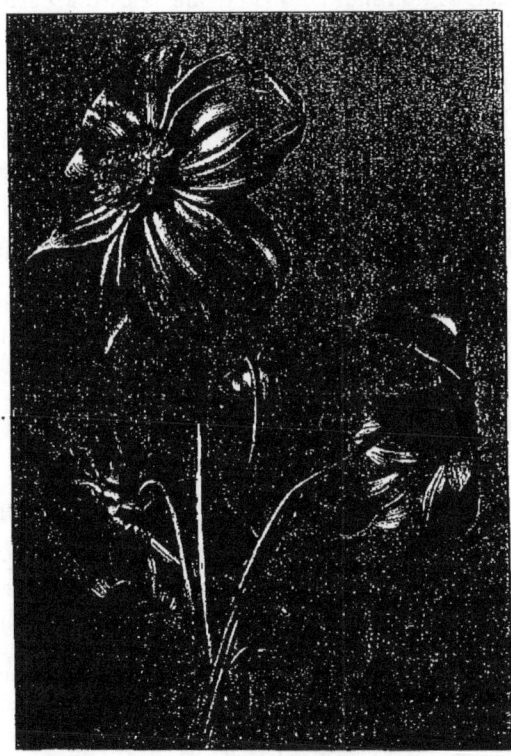

Dahlia simple.

peinte à la colle d'un ton gris foncé, pouvant s'enlever au moyen d'un grattoir. En grattant légèrement, on donne au papier une valeur plus claire; en appuyant plus fort, le ton gris devient encore plus clair; enfin, en enlevant toute la couche de gris jusqu'au papier, on obtient un ton blanc éclatant. Cela permet de faire des dessins aussi doux qu'on le désire, puisqu'on peut modeler des blancs sans se servir du crayon; pour les ombres, le crayon et la plume donnent tous les noirs désirables. On a aussi la facilité de pouvoir diminuer une valeur trop foncée, en la grattant légèrement, ou de l'enlever complètement si on le désire, ce qui permet encore de mettre un blanc très pur à la place d'un noir intense et de refaire ensuite l'inverse si on le juge à propos.

Le dahlia simple qui sert en ce moment à notre démonstration, n'est pas nécessairement imposé; toutes les espèces et tous les types de fleurs peuvent le remplacer. On prendra donc ce que la saison permettra de se procurer lorsqu'on commencera à étudier les fleurs.

Manière de peindre un dahlia. — Pour les personnes qui n'ont pas une grande habitude de la palette, il sera nécessaire de commencer par ne peindre qu'une seule fleur à la fois; il faudra aussi la choisir d'une seule couleur, afin de pouvoir plus facilement en modeler les pétales.

Avant de donner d'autres explications sur le procédé à employer pour peindre le dahlia, il est indispensable que nous parlions de la préparation de la palette.

La palette du peintre de fleurs, tout en étant semblable à celle du peintre de Natures mortes, diffère cependant en ce sens que si elle est composée des mêmes couleurs fondamentales et des mêmes tons préparés, elle s'enrichit selon les colorations qu'on veut peindre dans la séance, des tons nouveaux qu'il est indispensable d'y ajouter. Voici un exemple : Lorsqu'on se dispose à faire une étude d'un dahlia jaune, il faut composer, sur la palette, des gammes de jaunes, variant des plus clairs aux plus foncés, en consultant la nature pour cette préparation. En étudiant déjà les colorations par ces mélanges préparatoires, on sera conduit à observer les *tons gris* de ces jaunes, ainsi que les tons complémentaires. Chercher le gris dans une coloration intense, comme celle de certaines fleurs est indispensable au peintre pour lui faciliter l'obtention d'un ton très coloré ; c'est par des tons de la même valeur, mais de colorations plus grises qu'il fait vibrer l'ensemble en donnant de la variété ; autrement dit, c'est par le rapprochement des tons colorés qu'il fera valoir l'intensité des colorations. Pour nous faire entièrement comprendre, nous ajouterons qu'on entend par gris un ton diminué d'intensité par le blanc qu'on y ajoute.

Le gris d'un ton est beaucoup plus difficile à trouver qu'on ne le pense généralement, car s'il ne s'agissait que de mettre du blanc dans le ton, on saurait le faire dès qu'on aurait lu ce qui précède ; la difficulté est plus grande que cela.

Dans le ton jaune de ce dahlia simple, il entre beaucoup de jaune citron et de vert véronèse pour composer le ton *local* et le blanc qu'on y ajouterait seul, éclaircirait la valeur, sans donner le gris recherché; il faut donc chercher le ton gris inhérent à chaque coloration, comme on cherche la coloration elle-même. Ces gris sont très souvent complémentaires ou violets ; on remarque aussi qu'ils sont chauds sur une coloration *froide* et froids sur une coloration chaude. (On entend par tons chauds, ceux qui sont rouges ou qui se rapprochent du rouge et du jaune, les tons froids sont ceux qui semblent verts, bleus ou violets.)

Les tons préparés à l'avance sur la palette, doivent être très malléables, presque liquides, afin que le pinceau le plus mou puisse les saisir facilement et en aussi grande quantité qu'on le désire. Cela donne toute latitude pour placer des empâtements là où on le juge utile, car si les couleurs étaient aussi fermes que celles qui sortent des tubes, on n'obtiendrait pas cette facilité, et l'étude serait peinte sans brio d'une facture égale et monotone qui serait désagréable à voir.

Le pinceau de martre est indispensable, presque toujours pour peindre le tissu léger des fleurs ; il peint mieux que la brosse qui raye la pâte et qui laisse des rugosités nuisibles en beaucoup de cas. Cependant, on peut employer aussi la brosse quand elle est très douce et quand on peint de grosses fleurs. En général, c'est le pinceau plat qui est le plus employé, ainsi que le pinceau long, dit pinceau à filet. Les doigts seuls et sans autres outils sont aussi employés dans certains cas ; ils donnent une touche très jolie dans l'exécution de pétales ou de feuilles, dont on veut varier la facture.

C'est un moyen à utiliser, et nous le signalons sans pouvoir préciser à quel moment il devient nécessaire, le goût seul servira de guide. Nous dirons seulement qu'il ne faut pas abuser de ce moyen, et qu'il convient de rectifier souvent avec le pinceau, ce que la touche, laissée par le doigt, a de trop brutale.

Le procédé à employer est semblable pour tout ce que l'on peint ; on commence par l'ombre, la demi-teinte se peint ensuite, et on termine par les lumières. Il sera fait de même pour le dahlia simple quand on exécutera les pétales ; le cœur sera la partie à peindre en dernier lieu, ainsi que la tige.

Le Sabot de Vénus ou Sabot des Vierges. — Si l'élève n'a jamais peint de fleurs et s'il n'a pas une expérience acquise par beaucoup d'études précédentes, il devra copier la planche ci-contre pour se familiariser avec les procédés à employer. Lorsqu'il aura fait cette copie, il devra, s'il est possible, se procurer une fleur semblable et la peindre en consultant ce qui va suivre et qui s'applique à tous les genres de fleurs.

Le peintre de fleurs doit faire beaucoup d'études séparées, uniquement faites avec la préoccupation de l'étude pour l'étude. Ces documents lui seront indispensables pour peindre et composer des tableaux, et s'il est appelé à décorer des panneaux ou des plafonds, ces études seront pour lui de toute nécessité, puisqu'il n'est pas possible de travailler d'après nature quand on peint un plafond sur place. Peindre une fleur seule ainsi que nous le conseillons ici, n'a donc rien de commun avec la manière de peindre un tableau ou un ensemble de fleurs placées dans un vase. L'étude d'une plante ou d'une fleur, comme celle qui va être décrite, est surtout destinée à meubler la mémoire du peintre, et il est nécessaire, à cet effet, qu'il habitue son cerveau à retenir la forme et la couleur, en s'entraînant à une sorte de gymnastique mentale qui consiste à repeindre ou à redessiner de mémoire, le lendemain, la plante qu'il a peinte la veille. Il est bien entendu que pour repeindre de souvenir, on ne regardera ni l'étude, ni la plante copiée ; s'il en était autrement, on aurait perdu son temps bien inutilement. Nous savons qu'au début on ne fera rien de bon, et que, par amour-propre, on sera toujours tenté de regarder un moment l'étude peinte précédemment. Qui est-ce qui peut se vanter de ne pas avoir un peu cette faiblesse ? mais il faut de la volonté, de l'honnêteté avec soi-même ; et si on a l'énergie de suivre à la lettre ce conseil, on en sera récompensé par des progrès rapides.

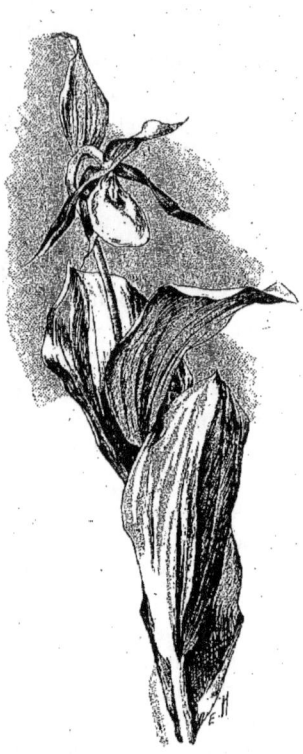

Sabot de Vénus ou sabot des Vierges.

Pour ce genre d'étude, appelé à former le portefeuille d'un peintre de fleurs, il n'est pas indispensable de peindre un fond derrière chaque fleur. Toutefois, pour ne pas être privé des grandes ressources de la palette et pouvoir peindre les tons les plus clairs, il sera bon d'employer une toile, un carton, un panneau, ou un simple morceau de papier à peindre, mais à la condition qu'il soit préparé d'un ton neutre, ni trop clair, ni trop foncé. Il est puéril de dire que sur le premier, les lumières ne marqueraient pas et que les ombres seraient difficiles à peindre sur le second. Tous les tons neutres peuvent servir, on a donc la latitude d'employer celui qu'on voudra. Néanmoins, il sera préférable de choisir un ton chaud, en faisant un mélange composé de blanc d'argent, noir d'ivoire et ocre rouge, afin d'obtenir un ton gris rose, ni gris, ni rouge.

La préparation de ces fonds se fera à temps perdu et en utilisant les restes quand on nettoie la palette. Les tons de fonds doivent être peints très longtemps à l'avance, afin qu'ils soient bien secs le jour où on exécute l'étude. Ceci a une grande importance pour la facilité du travail et la bonne conservation de la peinture; le dessin est plus commode à faire sur un fond bien dur, car la craie n'arrache pas la préparation comme cela se produit immanquablement sur un dessous préparé nouvellement. De plus, l'inconvénient de l'*embu* se manifesterait dès le lendemain et priverait le peintre de la faculté de voir son travail, tant que la peinture ne serait pas assez sèche pour être *désembue*. Sur un fond préparé plusieurs mois à l'avance, on a l'avantage de voir une *pochade* rester toujours brillante et comme vernie.

Muni d'une toile préparée dans les conditions sus-indiquées, voici comment on devra opérer :

Prendre un bâton de craie taillée très fin et dessiner légèrement d'un trait, la plante dont on est assez rapprochée pour voir les détails et pas trop près cependant pour perdre de vue l'ensemble.

Quand les proportions et l'arrangement dans la toile sembleront suffisants, on dessinera en indiquant les ombres; ce dessin devra se faire au *pinceau à filet*. Le numéro 6 environ est celui qui convient le mieux pour le dessin d'une plante comme celle qui va nous servir à cette démonstration, sa longueur permet de dessiner les courbes les plus délicates des bractées, et son épaisseur est suffisante pour obtenir des pleins aussi bien que des déliés. Pour indiquer les ombres, dessiner la tige et le contour des grandes feuilles; on se servira d'un pinceau plat, large d'un demi-centimètre environ, comme le numéro 13 des catalogues du commerce; ce pinceau plat en martre rouge, est très approprié pour masser les ombres des plus grandes feuilles. Le liquide employé à cet effet sera, presque exclusivement, de l'essence de térébenthine, dans laquelle on ajoutera un peu de la mixtion du godet. (Nous avons dit plusieurs fois que cette mixtion se compose de trois parties égales en proportions : essence de térébenthine, huile de lin, siccatif de Harlem.) Le mélange de l'essence pure avec quelques gouttes de mixtion, se fera seulement sur la palette et en dessinant. Il suffit de tremper le pinceau dans les deux liquides pour faire ce mélange; l'essence pure aurait l'inconvénient de sécher trop rapidement par évaporation. Il faut, autant que possible, faire un ton se rapprochant de celui de la partie que l'on dessine, afin que ce dessin puisse rester apparent sans rien gêner. Par exemple, la fleur étant jaune clair, il sera utile de dessiner la partie dans l'ombre avec de la terre de Sienne naturelle, mélangée d'un des tons violets composés de la palette, en observant toujours la valeur. Si on mettait une valeur trop noire dans ce premier dessin, ce serait gênant pour l'exécution. Les bractées seront dessinées avec un ton violet ou rouge, selon qu'ils se présenteront dans la plante que l'on copie.

La tige et les grandes feuilles seront dessinées avec un ton vert se rapprochant du ton juste. Ce dessin donnera déjà un peu l'aspect d'une ébauche, puisque le fond étant réservé dans les lumières, le modelé sera déjà presque juste.

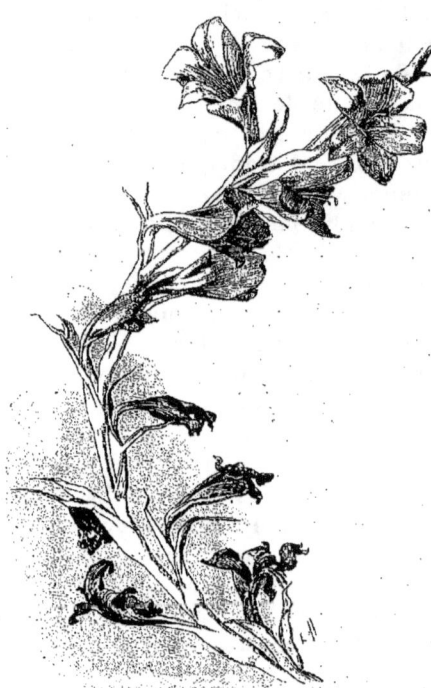

Le glaïeul rouge.

Nous avons dit que ce dessin se fera excessivement liquide comme s'il s'agissait d'une aquarelle. On laissera sécher quelques minutes, et au moyen d'un petit plumeau ou d'une brosse très douce, on enlèvera facilement le dessin à la craie qui resterait apparent. Le fond ainsi débarrassé de tout ce qui était inutile, apparaîtra net et propre ; il faudra même s'appliquer à ne pas le salir, les études n'en seront que plus agréables à regarder.

Pour exécuter définitivement et du premier coup cette étude, on devra procéder méthodiquement de l'ombre à la lumière en passant par les demi-teintes, le clair-obscur et le *brillant*; le *repiqué* terminera tout avec le point lumineux. Les touches devront être bien dans le *sens* de la forme; cela est très important à observer pour que le modelé se produise. On commencera par peindre les bractées, et elles devront être terminées définitivement du premier coup. La fleur jaune se fera ensuite en observant les mêmes règles et en ne mettant la couleur en pâte épaisse que dans les grandes lumières. C'est par les grandes feuilles et la tige qu'on terminera l'étude.

Le Glaïeul rouge. — Cette fleur très décorative est aussi variée dans sa forme que dans ses colorations. Il y en a de roses, de violets, de rouges et une quantité d'autres, dont les tons ne sont pas définis. Le glaïeul rouge sera préférable pour les premières études, parce que les tons sont moins difficiles à trouver. Lorsque le dessin en aura été bien cherché, on commencera par peindre la fleur du haut en la terminant

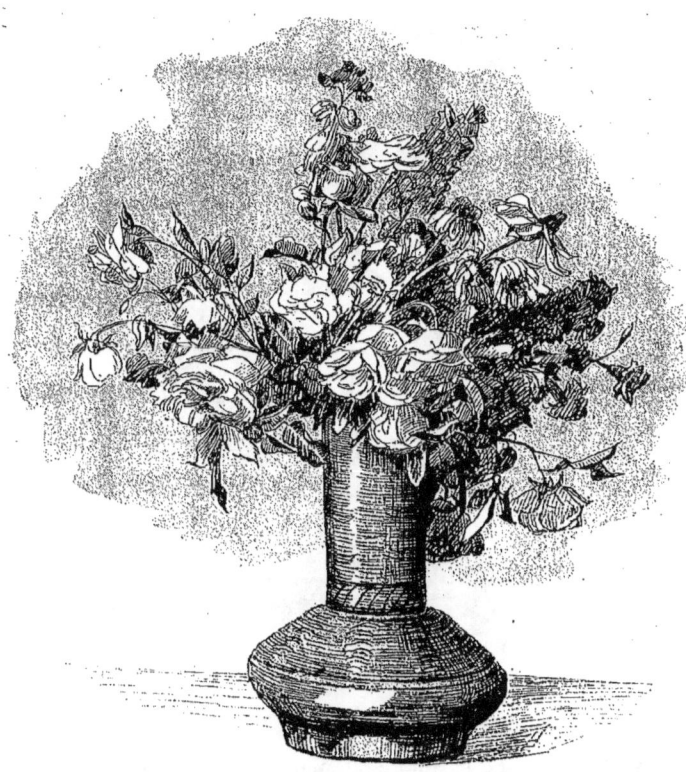

Composition d'un bouquet ; une masse importante et une autre moindre pour l'accompagner.

immédiatement et en continuant par la tige qui sera exécutée de la même manière jusqu'à la fleur suivante. Cette fleur sera peinte comme la première, et avant de peindre celles qui suivent, on aura soin d'exécuter la tige en observant le même ordre jusqu'au bas de la tige.

Les tons rouges seront préparés à l'avance sur la palette et on y ajoutera en peignant ce qui semblera nécessaire pour parfaire le ton ; il est nécessaire de ne considérer les tons qui ont été préparés à l'avance que comme des auxiliaires qui aident à composer plus vivement les tons que l'on copie.

L'observation des gris doit être très attentive; c'est par les gris bien trouvés et mis à propos qu'on donnera de la finesse aux tons rouges.

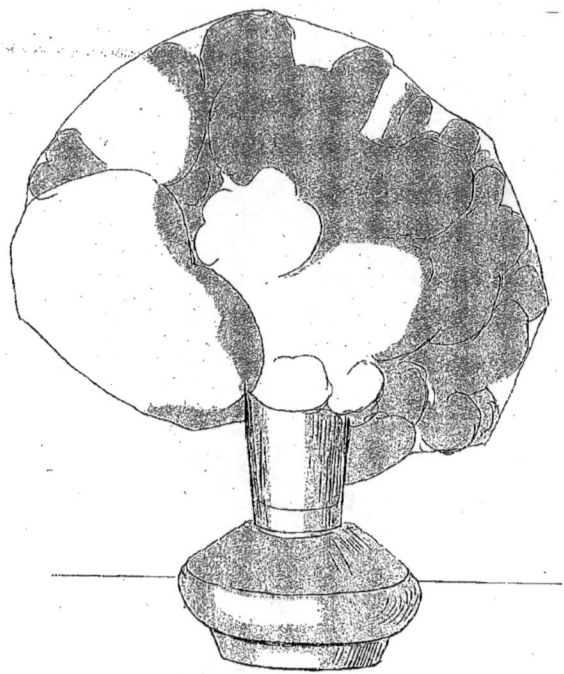

Forme boule, à éviter.

Les tons verts de la tige seront également préparés à l'avance, mais corrigés en peignant jusqu'à ce qu'ils semblent exacts de tons et de valeur.

En général, on devra toujours préparer les tons avec lesquels on a l'intention de peindre; l'étude y gagnera toujours en fraîcheur de coloris, la tenue des valeurs en sera meilleure et la rapidité d'exécution beaucoup plus grande.

Quelle que soit la coloration ou la forme de la fleur qu'on veut peindre seule, le procédé sera toujours le même. Il nous semble donc inutile de faire d'autres descriptions; nous allons parler maintenant de la manière de peindre des ensembles.

FLEURS

ÉTUDES D'ENSEMBLES

Manière de disposer les fleurs pour faire une étude. — L'arrangement, la disposition des fleurs dans un vase est toujours difficile, même

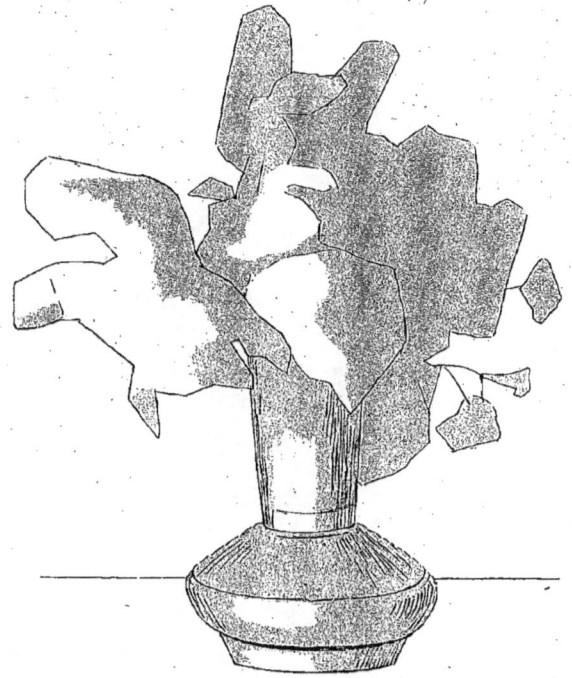

Forme à rechercher.

quand on a beaucoup de métier, et on ne peut guère dire comment il faut procéder. A part quelques conseils qui vont suivre, il n'y a que le goût qui puisse guider le peintre. Nous aurons presque tout dit, quand on saura que ce qu'il faut chercher, ce qui est la base fondamentale de tout arrangement, c'est une masse importante et une autre moindre pour l'accompagner.

La forme boule doit principalement être évitée; rien ne fait plus mal qu'une masse ronde. Il faudra donc s'efforcer de la rompre au moyen des fleurs dont les tiges accidenteront la forme, en la dépassant, en la brisant, en en rompant la monotonie.

On voit par les dessins ci-contre, la différence des deux formes.

Ce qui vient d'être dit est tout ce qu'il y a à dire au sujet de l'arrangement d'une étude, nous y reviendrons en parlant des moyens de composer un tableau.

Les premières études d'ensemble devront se faire avec des fleurs de même espèce et de même couleur; prenons par exemple l'œillet rouge : Disposez dans un verre quelconque trois œillets, ainsi que l'indique notre dessin.

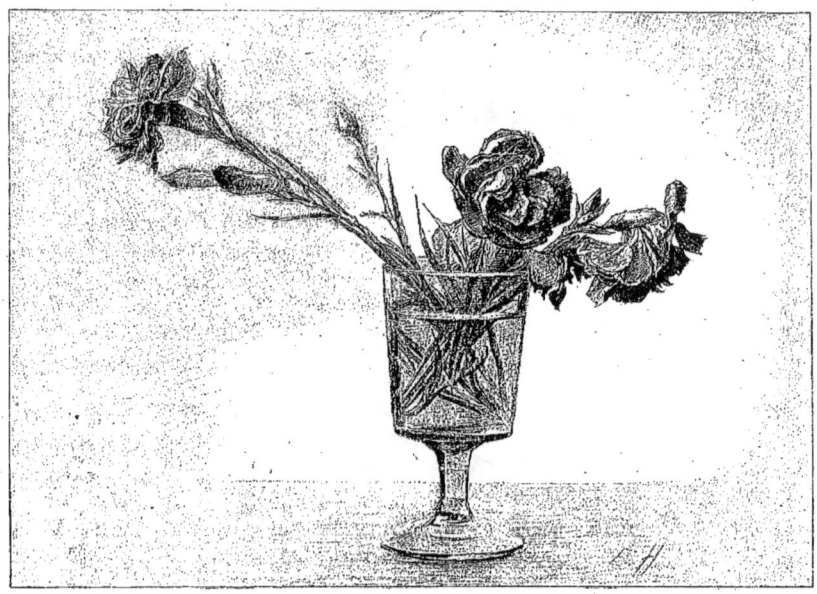

Trois œillets rouges dans un verre.

Placez-les de la façon qu'il vous conviendra, comme disposition d'ombre et de lumière et comme arrangement de lignes, mais appliquez-vous à trouver un effet intéressant par le jeu de la lumière et le pittoresque des silhouettes.

Considérez longuement l'ensemble de ces fleurs, examinez le fond avec beaucoup d'attention, car il a un rôle considérable, quoique ne se manifestant pas aux profanes, examinez bien l'enveloppe et pénétrez-vous de sa grande importance, c'est ce qui ajoute tant de charme aux tableaux.

Quelques mots sur l'enveloppe. — L'étude qui nous occupe présen-

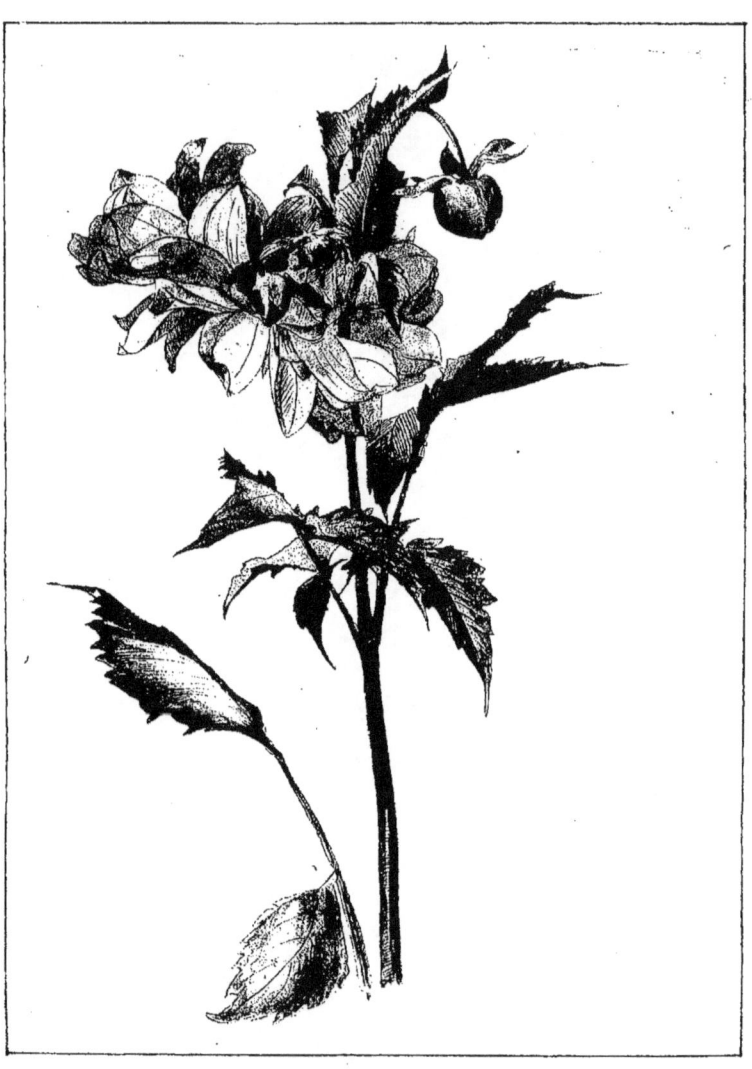

LE DAHLIA (FAC-SIMILÉ EN NOIR D'UN DESSIN REHAUSSÉ D'AQUARELLE)

ment n'est pas celle du dessin proprement dit, puisque nous ne voulons nous occuper que d'un ensemble, et qu'on sous-entend par le dessin la forme exacte, précise et individuelle de chaque fleur. Cependant, il est nécessaire de construire exactement les fleurs au point de vue de leur volume et de leur perspective, comme il est indispensable de les bien proportionner par rapport au verre dans lequel elles sont contenues. Non seulement ce serait un manque à toutes les lois du bon goût si les proportions étaient négligées, mais encore ce serait s'engager dans une voie funeste, qui donnerait vite des habitudes de désordre et d'indiscipline, auxquelles on n'est que trop généralement enclin en débutant.

L'enveloppe, l'air ou l'atmosphère d'un tableau, sont aussi essentiels que le dessin exact et la justesse du coloris. L'illusion ne se produit que si l'enveloppe est observée; au cas contraire et malgré une exécution très bonne, on ne produit qu'un tableau médiocre.

Nous avons conseillé à l'élève de commencer par des dessins très exacts, et nous lui conseillerons encore d'en faire très souvent, mais il lui sera indispensable aussi de faire des études comme celles qui nous occupent; sans elles, il n'obtiendrait jamais un bon résultat; il ne saurait toujours peindre qu'une fleur, même quand il en grouperait beaucoup sur le même tableau; jamais il ne saurait faire les sacrifices nécessaires dans la présentation d'un ensemble qui veut qu'on atténue ceci pour faire valoir cela; il ne montrerait toujours qu'une fleur, à côté d'une autre fleur, sans montrer un ensemble homogène; en voulant tout montrer, il ne montrerait rien.

C'est une grande erreur de penser qu'il faut commencer par copier les fleurs d'après des gravures ou des tableaux pour se préparer à peindre d'après nature; l'élève qui procède ainsi perd volontairement un temps précieux; jamais les lignes froides d'une gravure n'apprendront à dessiner quoi que ce soit. Lorsqu'on sait supérieurement copier un œillet d'après une excellente gravure ou que l'on sait très bien le peindre en copiant le tableau d'un maître, comme Baptiste ou Mignon, on ne sait cependant rien, absolument rien ! et l'on reste incapable de peindre quoi que ce soit quand on n'a que la nature devant les yeux.

L'exécution des détails et l'enveloppe. — Le détail et l'enveloppe sont aussi opposés l'un à l'autre que l'eau et le feu. Il n'est pas niable que l'exécution des détails constitue une réelle difficulté, exige une adresse de main et une précision de dessin qui ne s'acquièrent que par des années de travail et d'application.

Si le détail précise tout, l'enveloppe au contraire éteint, efface presque tout. Mais l'enveloppe harmonise, unifie une œuvre, tandis que les détails la désagrègent, donc le détail c'est l'ennemi de la peinture.

Ne faut-il donc pas mettre de détails? et ne pas savoir exécuter? — Si, mais il faut être un habile exécutant, posséder à fond la science de l'enveloppe qui permet de ne mettre les détails qu'à bon escient, là où ils sont nécessaires, mais limités et subordonnés à l'ensemble et à l'enveloppe. Il faut savoir exécuter admirablement et savoir l'oublier à propos.

Il est vrai que le public, par un goût souvent fâcheux, entraîne parfois les peintres dans la voie où ils trouvent le succès aux dépens de l'art véritable.

Convenons-en, il faut au peintre qui n'a pas l'aisance en naissant, une volonté et une énergie morale d'une puissance supérieure à celui qui n'a pas le souci de la vie matérielle. Après tout ce qu'on vient de lire, nous dirons encore que le mauvais goût du public, en général, est la cause que bien des artistes tournent mal, si cette expression n'est pas trop forte. C'est parce que le plus grand nombre des amateurs et des acheteurs se passionnent immodérément pour le détail, ce qu'ils nomment le fini; que beaucoup d'artistes se dévoyent, en faisant d'abord des concessions, afin de pouvoir trouver la vente de leurs œuvres, puis peu à peu se faussent le goût, en aimant à leur tour certains morceaux réussis au point de vue de l'adresse de main; ces artistes en arrivent ainsi à ne plus aimer que ce qui est adroitement peint, et par cela même s'éloignent à jamais de l'art.

Pour revenir à nos trois œillets, nous pensons avoir tout dit en ajoutant que la perspective d'une fleur tient beaucoup à son enveloppe; perspective aérienne, enveloppe, air ambiant, tout cela est à peu près synonyme, puisqu'en ne limitant pas le trait, on obtient du même coup l'enveloppe et la perspective, et qu'en ne le précisant pas, on obtient aussi l'air ambiant. On ne devra donc jamais empâter le contour d'une fleur, afin qu'elle soit bien dans l'air et fasse partie du tout.

Conseils pour peindre un tableau de fleurs. — Pour peindre un tableau, au sens véritable du mot, il faut posséder une science et des dons multiples, quel qu'en soit le genre. Il serait oiseux de discuter si tel genre est supérieur à tel autre; nous dirons seulement que chaque spécialité demande des études particulières, une aptitude réelle et une préférence marquée pour celle qu'on veut adopter.

Parmi les dons naturels, celui qui est certainement le plus nécessaire à l'artiste, c'est le bon sens : « Oui, le bon sens ou la raison, voilà la première qualité que doit manifester l'élève. J'avoue que ce n'est pas tout, car la deuxième qualité, c'est l'imagination ou la sensibilité en action. Mais avec l'imagination seule et sans le bon sens que pourra-t-il produire, et avec la raison que ne produira-t-il pas?

« Ainsi, parmi les dispositions qui présagent le grand peintre, la vivacité d'esprit et l'aptitude à l'imitation, ne sont pas aussi nécessaires qu'un discernement juste, capable de distinguer le bon du mauvais, et une âme tendre et sensible sur laquelle tous les sentiments fassent, ainsi que sur une cire molle, une prompte impression, que sa raison saura d'ailleurs modifier à son gré. C'est surtout la netteté et, si l'on peut parler ainsi, la fixité de l'imagination qui lui est nécessaire et non son extrême vivacité. Enfin, on ne doit voir les principales dispositions que dans le bon sens, la sensibilité, la pénétration, la patience et la vue.

« Paillot de Montabert. »

Citons également Diderot :

« Méfiez-vous de ces gens qui ont leurs poches pleines d'esprit et qui le sèment à tout propos ; ils n'ont pas le démon, ils ne sont pas tristes, mélancoliques et muets ; ils ne sont jamais ni gauches, ni bêtes. Le pinson, l'alouette, la linotte, le serin, jasent et babillent tant que le jour dure ; le soleil couché, ils fourrent leur tête sous l'aile, et les voilà endormis. C'est alors que le génie prend sa lampe et l'allume, et que l'oiseau solitaire, sauvage, inaprivoisable, brun et triste de plumage, ouvre son gosier, commence son chant, fait retentir le bocage et rompt mélodieusement le silence de la nuit. »

Le bon sens doit donc être une qualité dominante chez un peintre, et c'est lorsqu'il composera, agencera les lignes de son tableau que ce bon sens sera son principal guide. Nous avons dit ailleurs qu'il était utile de procéder par une esquisse préalable lorsqu'on voulait faire un tableau, nous n'en reparlerons que pour mémoire. L'esquisse d'un tableau de fleurs n'a pas besoin d'être autant cherchée que celle d'un tableau de genre, ni d'un paysage, mais elle est indispensable au peintre pour savoir bien arrêter les lignes principales de sa composition et distribuer avec art les ombres nécessaires à l'effet du tableau.

Quelques personnes pensent que pour faire un tableau de fleurs, il n'y a qu'à en choisir de belles et de les peindre bien. Pour faire un tableau, il faut observer les règles de la composition, et la copie d'un bouquet, fût-elle bien faite, ne serait pas suffisante pour en faire un tableau, cela ne serait qu'une étude plus ou moins réussie.

Le tableau doit être l'évocation d'une pensée ; il n'y a donc pas seulement dans sa composition le travail des yeux et de la main, il est nécessaire que le peintre soit un penseur, qu'il fasse naître la pensée chez les spectateurs, qu'il élève l'âme au lieu d'éveiller seulement la curiosité.

« Or, un tableau de fleurs, de fruits, doit avoir un caractère, un mode, une expression ; il doit dire quelque chose de touchant ; non seulement chaque fleur en particulier, mais un groupe de fleurs a son mode, son caractère. Un peintre peut, avec un tableau de fleurs, émettre des idées, produire un langage éloquent qui laisse quelque chose dans le cœur. Il y a des bouquets joyeux et magnifiques, il y en a de tristes et de modestes, il y en a de fiers et d'éclatants, il y en a de suaves et de tranquilles. La verdure, la blancheur y ajoutent aussi leurs expressions, car leur quantité, leur espèce, etc., disent et expriment quelque chose dans le tout. N'est-ce pas ainsi que dans l'art de la musique, les sens et les accords ont leur expression et leur caractère. Ainsi la botanique, la perspective ne suffisent pas; la patience de l'outil ne suffit pas; le beau choix de clair-obscur et de coloris ne suffisent pas non plus; il faut quelque chose de plus; ce quelque chose est tout ce qui fait les beaux ouvrages et les grands talents, ce quelque chose, on peut l'attester, c'est la philosophie de l'art.

« Cependant, quoique les fleurs aient quelquefois un langage allégorique et même conventionnel, ce serait forcer les choses, ce serait subtiliser de vouloir qu'on trouve l'expression de telle ou telle idée dans la présence de telle ou telle fleur. Certains esprits recherchés ont étalé ces subtilités; mais le peintre doit se méfier de cet excès, il doit généraliser et ne supposer à telle ou telle fleur que le caractère métaphysique que tout le monde, en général, est tenté de lui reconnaître.

« PAILLOT DE MONTABERT. »

Lorsque l'on se sera bien pénétré de ce qui précède, qu'on aura déterminé par une esquisse le choix de son sujet et la disposition de l'effet, on agrandira l'esquisse en disposant sur la toile définitive les lignes adoptées.

Cette reproduction agrandie se fera au moyen des carreaux ainsi qu'il a été dit dans la première partie de cet ouvrage. On peut également se servir, pour ce travail, d'un moyen tout moderne dont nous a doté la photographie, c'est la lanterne à projections. Si ce moyen était adopté, voici comment nous conseillons de procéder:

Faites un cliché négatif de votre esquisse, et ce qui est mieux encore, quand l'esquisse sera sèche pour être décalquée, faites ce décalque avec soin, en vous servant d'encre de Chine pour que le trait soit bien noir; faites ensuite, d'après ce dessin, un cliché négatif et servez-vous-en tel en le plaçant dans la lampe à projection. Les traits étant reproduits à l'inverse de leurs valeurs, ils apparaîtront blancs sur la toile, et comme pour les dessiner, on se servira d'un fusain taillé fin, chaque trait blanc disparaîtra à mesure qu'il sera recouvert d'un trait noir, cela facilitera le travail en montrant toujours les parties oubliées, ce qui n'a pas lieu quand on se sert d'un cliché positif qui, donnant les traits en noir, engage à confondre ceux qui sont projetés par la lampe, avec ceux qu'on a repassés au fusain. Il y a toujours économie de temps à procéder à la projection par un cliché négatif.

Quand on a une certaine habitude de peindre et que les portefeuilles aux études et aux dessins sont bien garnis, il n'est pas nécessaire d'ébaucher son tableau avec la nature devant soi. Souvent même cela est nuisible, en ce sens qu'on résiste difficilement à copier la nature qui semble, avec raison, toujours bien plus belle que ce que l'on a imaginé. Il faut se méfier de cette tendance; pour l'éviter, l'esquisse seule doit servir de guide dans l'ébauche.

Lorsque le tableau est bien sec, on le reprend avec la nature devant soi pour le terminer.

La terminaison d'un tableau est chose extrêmement délicate; il faut savoir profiter de ce qu'il y a de bon dans l'ébauche et ne pas la gâter. C'est pour cela que la différence est si grande entre un tableau et une étude dans tous les genres de la peinture.

Il faut une grande pratique de la peinture et presque des aptitudes spéciales pour faire un tableau de fleurs, car ici ce n'est plus comme pour une étude, où on n'a qu'à copier exactement en observant les règles convenues; il faut regarder la nature, mais ne lui emprunter que ce dont on a besoin pour rendre l'effet qu'on s'est imposé par l'esquisse et l'ébauche. La nature ne donne jamais exactement ce qu'on a indiqué dans l'ébauche, et si on n'est pas assez sûr de soi pour ne pas se laisser entraîner à copier ce que l'on voit, tout ce qu'on a imaginé se désagrège; ce n'est plus soi-même, mais le hasard qui termine le tableau. Si le hasard est quelquefois intelligent, en servant heureusement l'artiste, il n'en est pas moins pernicieux en tuant la pensée créatrice. Nous le répétons encore, toute œuvre d'art n'existe pas sans la pensée, et l'adresse de main, malgré toute sa valeur, ne peut suppléer à la pensée absente. Le mérite d'avoir produit une telle œuvre est lui-même fort diminué, malgré les qualités d'exécution qu'elle contient, puisque le peintre qui l'a produite ne saurait la recommencer sans l'aide de ce même hasard, et qu'il ne le retrouverait plus s'il l'appelait une seconde fois à son secours.

Nous savons combien le talent de Mme Madeleine Lemaire est admiré des connaisseurs et combien il est indiscuté par les peintres, aussi est-ce avec la certitude de faire plaisir aux lecteurs, amis de l'art, que nous avons demandé à la délicate artiste de nous exposer ici les conseils qu'elle jugerait utile aux débutants. Voici la lettre qu'elle a eu l'obligeance de nous écrire:

« Vous voulez bien me demander quels conseils on peut donner aux jeunes artistes qui se destinent à peindre les fleurs. Ils se résument en peu de mots. Mon expérience m'a appris qu'il faut d'abord savoir très bien dessiner, afin de donner à la fleur sa forme et sa ligne que la nature a créées parfaites, mais il faut être coloriste pour en rendre l'éclat et les tons variés. Il faut donc étudier la fleur à ces deux points de vue et ne se faire peintre de fleurs que si on sait les comprendre et les aimer. L'arrangement et le groupement des fleurs doit être aussi l'objet d'une étude spéciale. Il est indispensable d'avoir du goût pour composer un bouquet. Tout dans l'art des fleurs est difficile et compliqué. Il ne faut donc pas s'imaginer que les fleurs se fassent quand on ne peut pas faire autre chose; c'est un art qui ne souffre pas la médiocrité et qui nécessite des études approfondies pour lesquelles il faut avoir des aptitudes spéciales. « Madeleine Lemaire. »

Nous sommes heureux de voir combien la gracieuse artiste est en tous points de notre avis sur les questions techniques touchant l'art de peindre les fleurs, et nous ne doutons pas que la grande autorité de son talent ne soit d'un puissant secours pour appuyer nos conseils.

L'Étude d'un bouquet. — Il y a une autre manière de concevoir un tableau ou plutôt une étude, car le nom de tableau est employé d'une façon réellement abusive à notre époque; mais admettons-le ici pour arriver directement à ce que nous voulons expliquer.

La représentation d'un bouquet peut suffire à l'agrément des yeux si on a distribué les taches harmonieusement et combiné les masses d'ombre et de lumière avec goût, et enfin si l'agencement des lignes de la silhouette est pittoresque. Toutes ces conditions sont possibles à réunir, et la nature peut fournir à elle seule tout ce que le peintre lui demande, il n'a qu'à bien disposer son modèle et le copier.

Lorsqu'on dessine sur la toile directement, sans esquisse préalable, il faut posséder une grande pratique pour *bien mettre en toile*. La mise en toile a une très grande importance pour l'agréable distribution des lignes et le bon aspect du tableau; il est donc nécessaire d'y apporter toute son attention pour éviter des fautes de goût qui amoindriraient l'œuvre. Un écueil où les commençants se heurtent généralement, c'est le manque de place, quel que soit l'espace dont ils disposent; ils emplissent trop la toile, en ne laissant pas assez de fond autour des fleurs; il en résulte un mauvais effet auquel on ne peut remédier qu'en agrandissant, c'est-à-dire en ajoutant de la toile au tableau, travail qui ne se fait pas toujours d'une manière invisible et qui n'atténue pas entièrement la faute, puisque le spectateur peut facilement s'en rendre compte.

Pour éviter ce défaut, il y a plusieurs moyens à employer, le premier consiste à se mettre en garde contre soi-même en commençant par tracer tout autour de la toile, un trait au fusain qui en diminue le format de quelques centimètres. Cela étant fait, on suppose que la toile finit à l'endroit limité par le trait et on compose les lignes du bouquet, comme si la toile devait être recoupée. On efface ensuite la limite qu'on s'est imposée et le bouquet apparaît en bonne place.

On peut encore procéder d'une autre façon, en recouvrant la toile d'une feuille de papier sur laquelle on dessine, puis on décalque sur la toile le dessin adopté. Ce dessin sur papier a l'avantage de permettre de ramener l'ensemble à droite ou à gauche, et de le monter ou de le descendre si on le juge utile; on n'a besoin, à cet effet, que de déplacer la feuille de papier et de la fixer à l'endroit voulu avant de décalquer le dessin. Malgré l'emploi de ce second moyen, il est encore prudent de diminuer le format par un trait, comme nous l'avons expliqué plus haut.

Voici encore une recommandation utile aux commençants : Tracez toujours deux lignes diagonales sur la toile ou le papier avant de commencer, ainsi que nous l'avons démontré par des dessins dans la partie des Natures mortes, et ajoutez-y encore deux lignes coupant par moitié la hauteur et la largeur. Ces lignes doivent être peu apparentes pour ne pas gêner le dessinateur, mais elles sont d'une grande utilité pour bien disposer les lignes et distribuer les masses. Il faut connaître exactement le milieu de la toile en hauteur et en largeur, ainsi que le centre, pour ne pas y placer de masses importantes par leur couleur et leur effet. On ne doit jamais, en effet, rendre visible le centre d'un tableau, ni les milieux en hauteur ou en largeur, cela serait un manque de goût, et ce qu'on a l'habitude d'entendre par ces mots : — Placez l'effet principal au centre de la toile, — veut dire à droite ou à gauche, au-dessous ou au-dessus, mais très rapproché du centre, sans jamais y être placé exactement.

Il faudra donc veiller attentivement à ce qu'une tige ou une branche ne détermine pas un milieu par sa position dans le bouquet, ni qu'une fleur importante par son volume et sa couleur, ne se trouve placée exactement au centre comme le point noir d'une cible.

Lorsque toutes ces dispositions seront prises et que, la palette en main, on se disposera à ébaucher l'ensemble, voici comment on devra procéder : On doit toujours commencer par une ébauche, même si on a l'intention de faire une étude terminée du premier coup. Il n'est pas possible d'obtenir un bon ensemble si on ne procède pas tout d'abord à un accord des valeurs générales, en harmonisant les taches au moyen des tons complémentaires. Cette ébauche, pour ne pas gêner l'exécution, devra se faire par *frottis* et par *glacis*, en se servant de liquide très siccatif et en employant fort peu de couleurs. L'ébauche terminée, les valeurs connues, les taches mises définitivement à leurs places, on commence l'exécution finale par la partie la plus importante, le morceau qui est le principal objet où devra se fixer l'attention.

L'ébauche a montré au peintre quel degré d'intensité il devait donner au fond, ainsi que le choix du ton à adopter; il ne s'en préoccupera donc plus pendant qu'il peindra les fleurs. Cependant, c'est en *réglant* le fond que l'étude sera terminée, et ce mot régler indique la suppression de certains détails trop nombreux ou trop apparents, comme aussi l'allégement des masses, en trouant le bouquet pour donner de l'air. — Est-il besoin d'ajouter qu'il faut surtout éviter dans la disposition des masses et des silhouettes, qu'il y ait des hauteurs semblables et des pendants, le bon goût mis en garde par ce qui vient d'être dit, on saura éviter ces fautes.

Comme dernière recommandation, nous conseillons de s'appliquer surtout à rendre l'éclat des fleurs avec toute la violence dont la palette est susceptible, tout en restant harmonieuse. Prise isolément, la fleur demande, pour être parfaite dans sa reproduction, que le dessin soit irréprochable et le ton très exact. Dans l'ensemble du bouquet, ce qui est nécessaire avant tout, c'est l'harmonie générale et l'éclat.

Quelques mots sur les fleurs en plein air. — Tout ce que nous avons dit des moyens matériels employés pour peindre les fleurs à l'atelier, se rapporte aux fleurs en plein air. Les fleurs, dans un jardin, ne diffèrent des autres que par l'enveloppe générale et le fond sur lequel elles se détachent. Prises ainsi, les fleurs se confondent dans un tout qui devient du paysage ; si le lecteur avait besoin de renseignements supplémentaires, il les trouverait à la quatrième partie de cet ouvrage où nous traiterons très longuement la question, en nous efforçant de donner les détails les plus complets pour peindre tous les genres et tous les effets. Nous nous bornerons donc présentement à cette seule étude de pivoine en plein air, dont nous donnons une planche en couleur.

Manière de peindre les pivoines en plein air. — La réflexion et l'observation sont nécessaires avant de commencer une étude. Il faut se rendre compte des valeurs et des taches de couleur, en calculer l'importance et déterminer la place qu'elles occuperont dans la toile, en isolant par la pensée tout ce qu'on a l'intention de peindre, en supprimant mentalement tout ce qui semble inutile ou gênant. Quand on n'a pas l'habitude de peindre en plein air, on voit très difficilement *le motif*; on ne sait pas au juste ce que l'on prendra ni où l'on s'arrêtera. Cette facilité de voir *le motif* ne s'acquiert qu'avec une assez longue pratique, mais il y a des moyens pour guider l'inexpérience et lui apprendre *à voir le motif*. Le premier, c'est l'emploi de la glace noire (cette glace ou miroir noir, a été l'objet d'une description dans la première partie: « *L'outillage* »). La glace noire renseigne immédiatement le peintre sur la manière de prendre le motif, en lui montrant le paysage réduit, et elle lui permet d'apprécier les valeurs en diminuant l'intensité des tons et l'éclat des lumières. Elle aide aussi à déterminer le choix de la place où il faut s'installer pour le travail. La glace noire est le meilleur guide qu'on puisse consulter pour se renseigner sur la valeur d'un ton intense, quand il se trouve placé à côté d'un autre ton très vif que l'œil différencie difficilement.

Il y a aussi un autre moyen de voir la place que devront occuper les lignes principales d'un motif, c'est l'emploi d'une carte découpée en forme de cadre, comme l'indique le dessin ci-contre.

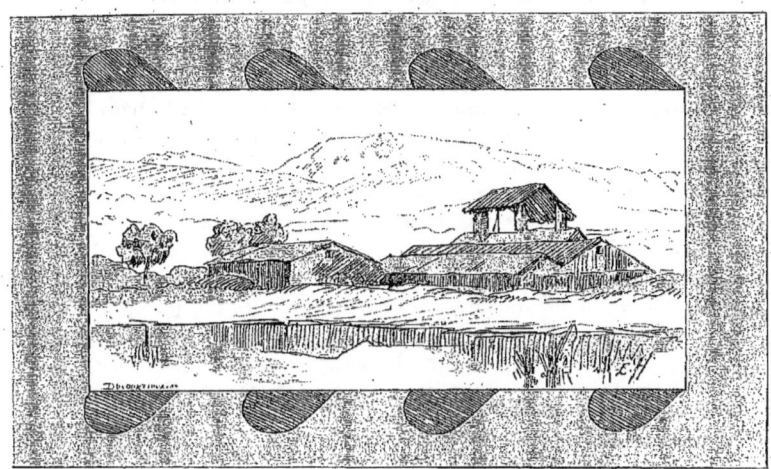

Carte découpée en forme de cadre, pour bien voir les lignes d'ensemble.

Une carte à jouer ou une carte de visite grand format sont suffisantes ; on découpe dedans un rectangle et on regarde le paysage au travers, plus on tient cette carte rapprochée de l'œil, plus on agrandit le motif, plus on l'éloigne de la vue, plus le motif se rétrécit. Ce moyen est très employé, car il est moins coûteux que le miroir noir, et, sans être aussi complet, il rend de réels services pour trouver le motif.

Après s'être bien rendu compte de ce qu'on doit prendre pour que le motif se compose bien, on dessine avec un crayon à mine de plomb (si la toile est blanche), ou avec un morceau de craie si l'apprêt de la toile est foncé.

Lorsque le dessin semble suffisant, on commence l'ébauche en plaçant le ton local rouge des fleurs et en posant autour les tons du fond, dont on doit rechercher avant tout la valeur juste et la *monter* ou la *foncer* jusqu'à ce que les fleurs semblent se détacher en clair malgré leur valeur relativement foncée. Après s'être rendu compte des deux valeurs, des fleurs et du fond, on doit chercher celle des feuillages, et on remarquera, en l'observant, que la masse dans l'ombre est plus foncée que le fond. Le ton local de l'ombre est à peu près de la même valeur que le fond, mais ce ton est plus *entier*, c'est-à-dire plus coloré ou plus vert. (Disons en passant qu'on voit souvent un ton de premier plan être de la même valeur qu'un ton de second ou troisième plan, mais ils ne sont jamais d'égale intensité de couleur, parce que la couche d'air qui les sépare, décolore celui qui est placé sur un plan plus éloigné et par cela le rend plus gris.) On obtient donc une perspective aérienne, en éloignant, en détachant les plans l'un de l'autre, même s'ils sont de semblable valeur, en colorant les premiers et en décolorant ceux qu'on veut éloigner. Les tons vert-jaune des feuilles éclairées par transparence se placent ensuite, et comme ils sont beaucoup plus clairs que le fond, ils apportent déjà un peu d'effet à l'ébauche. L'étude se continue en ébauchant quelques tons clairs que l'on voit dans l'ombre et qui sont occasionnés par le luisant des feuilles sur lequel le soleil accroche des lumières. Ces tons clairs ne seront essayés à ce moment que pour bien se rendre compte des ressources que peut donner la palette et savoir si on peut mettre des lumières colorées sur les feuilles tout en obtenant de l'éclat. Si on s'apercevait que pour faire marquer ce ton clair, on est contraint d'employer le blanc pur (ce qui ne doit jamais se faire en aucun cas), c'est que tous les tons environnants se trouvent ébauchés trop clairs; la seule ressource, en ce cas, c'est de *renforcer* tous ces tons avant de continuer quoi que ce soit. On voit, par ce qui précède, l'utilité de s'occuper uniquement des valeurs sans rien exécuter à l'ébauche, car il arrive fréquemment aux plus exercés d'être amenés à *renforcer* les valeurs, ce qui oblige à tout recommencer. Il convient également de mettre les tons les plus foncés qui sont comme une ombre dans l'ombre. Ces noirs ont un rôle très important dans le modelé et servent à éclairer les ombres ; dans une ombre noire, un noir plus violent éclaircit tout; il ne faut jamais employer le noir pur, ce doit être un ton foncé brun, violet ou bleu, aussi foncé comme valeur que le noir qui sort du tube, mais la couleur noire n'est pas un ton par elle-même. On ébauche tout le reste en procédant de la même manière, en observant bien le rapport des valeurs et surtout en ne faisant aucun empâtement; toute l'ébauche doit se faire comme si on peignait à l'aquarelle. L'exécution sera la même pour les procédés que celle recommandée plus haut dans le chapitre : « *L'étude d'un bouquet.* » Nous terminerons nos conseils sur ce sujet, en disant que lorsqu'on peint des fleurs en plein air, il faut se préoccuper attentivement de l'enveloppe, ne pas se laisser entraîner à une exécution aussi précieuse que celle dont on peut faire montre dans un tableau de fleurs, vu dans un intérieur d'appartement, et enfin, éviter à tout prix la sécheresse que donne la précision des contours. Les contours doivent rester *flous*, vagues, sous peine d'enlever l'enveloppe, l'air ambiant qui font le grand charme des fleurs en plein air.

SUR LE BON GOUT ET LA CONVENTION EN ART

Ensemble de chrysanthèmes dans un vase. — La disposition des
[fl]eurs est une question de goût; nous avons dit ailleurs comment on
[de]vait procéder pour les placer plus facilement, nous n'y reviendrons
[q]ue d'une façon générale, car on sait, en effet, que la loi de l'arrange-

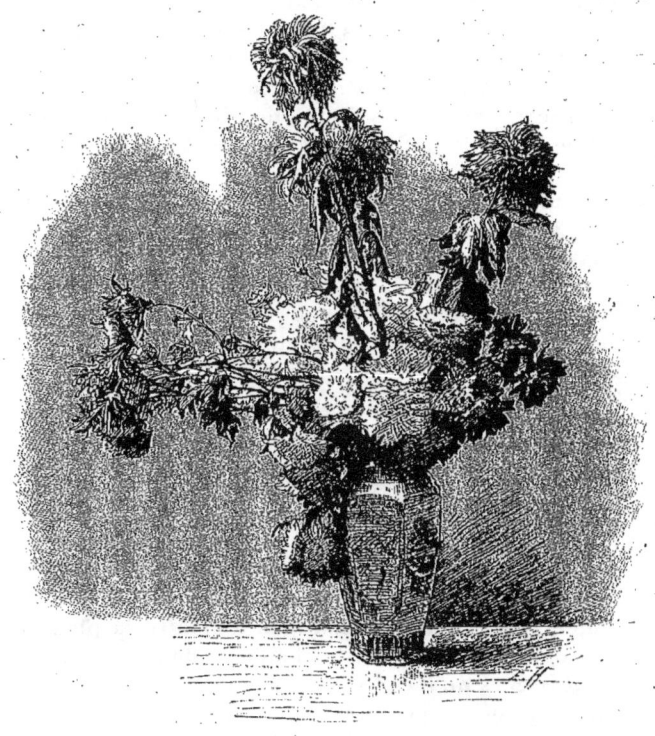

Ensemble de chrysanthèmes dans un vase.

[m]ent consiste à faire une masse importante accompagnée d'une ou de
[d]eux masses plus petites, à donner beaucoup d'air par des trouées qui
[m]ontrent le fond, et surtout à éviter la forme en boule qui est horrible
[d]e silhouette.

Un des moyens pittoresques à recommander est celui de l'emploi des
[t]iges passant devant les fleurs de second plan, comme l'indique le dessin
[c]i-contre.

Si l'on a ménagé un effet en plaçant les chrysanthèmes, les plus clairs, jaune citron et blancs, au centre du bouquet, et que sur le devant on ait placé des fleurs, violet clair et jaune plus foncé, en réservant les fleurs rouges ou les violettes très foncées pour le côté de l'ombre, on aura déjà obtenu un effet naturel que la lumière de l'atelier augmentera. Mais ce qui donnera une ligne des plus gracieuses, ce sont les trois tiges feuillues que l'on piquera ensuite devant les chrysanthèmes clairs placés au centre. Cette vigueur des feuilles foncées et des tiges, sera d'un effet très agréable comme opposition. Le dessin si gracieux des feuilles se silhouettant sur les fleurs claires, en les laissant apparaître par place, fournira l'occasion d'étudier attentivement la forme du feuillage qui est, à tort, si souvent sacrifiée. On ne se doute pas, quand on commence à peindre les fleurs, de l'intérêt qu'il y a à étudier les feuilles, et on les bâcle sans goût, en faisant tous ses efforts pour les supprimer quand on place les fleurs dans le vase. Peut-être a-t-on conscience, sans se l'avouer, que les feuilles sont souvent plus difficiles à peindre que les fleurs? Ce n'est pas une excuse, au contraire.

En principe, lorsqu'on redoute une difficulté, le moyen d'en triompher, consiste à l'aborder de front. Si les feuilles font peur au jeune peintre, il faut qu'il les observe attentivement et qu'il en fasse des études détachées; il y prendra bien vite un grand intérêt, car c'est extrêmement amusant à peindre. Pour réussir, il faut procéder méthodiquement, comme en toutes choses, ne rien laisser au hasard, tout étudier. Le débutant ne doit pas laisser de négligences dans ses études, comme le fait un maître dans ses tableaux, parce que les négligences des maîtres sont le résultat d'une expérience consommée, et ce qui nous paraît négligé est souvent une partie sacrifiée volontairement et avec beaucoup d'art, ce que ne pourrait faire un jeune artiste manquant forcément de discernement.

Les chrysanthèmes que nous nous proposons d'étudier, sont placés dans un vase très simple, vert vernissé, ainsi que le montre la planche en couleur. Peut-être pourrait-on critiquer la simplicité de ce vase, étant donnés la distinction des fleurs qu'il contient, le fond d'étoffe et la table vernie; il eût été plus logique de peindre un vase de forme japonaise, cela est certain. Nous l'avons choisi ainsi, parce que les fleurs, étant nombreuses et très détaillées, il fallait un vase simple de formes et d'un ton uni. Ce n'est d'ailleurs pas un tableau que nous voulons faire, c'est une étude de chrysanthèmes placés dans un vase tout simplement. Si nous avions voulu composer un tableau, nous n'aurions pas laissé la table ainsi, car elle se trouverait trop nue.

Pour peindre une telle étude, il sera nécessaire de prendre une toile de 12 ou de 15, dite toile portrait. On sait que pour distinguer les formats des toiles qui sont au nombre de trois, quel que soit le numéro

ur toutes les toiles, du numéro 1 au numéro 150, on les a dénommées
1si : le format carré, toile portrait; le format rectangulaire, c'est-à-
re moins carré, plus allongé, toile paysage, enfin le format très bas,
s allongé, toile marine. La toile doit être apprêtée en blanc ou en
is clair, c'est ce qui est préférable à tout pour obtenir de la fraîcheur
ns les tons et pour qu'ils ne noircissent pas. Le dessin ayant été bien
erché, il ne sera pas indispensable de le passer à l'encre, mais il est

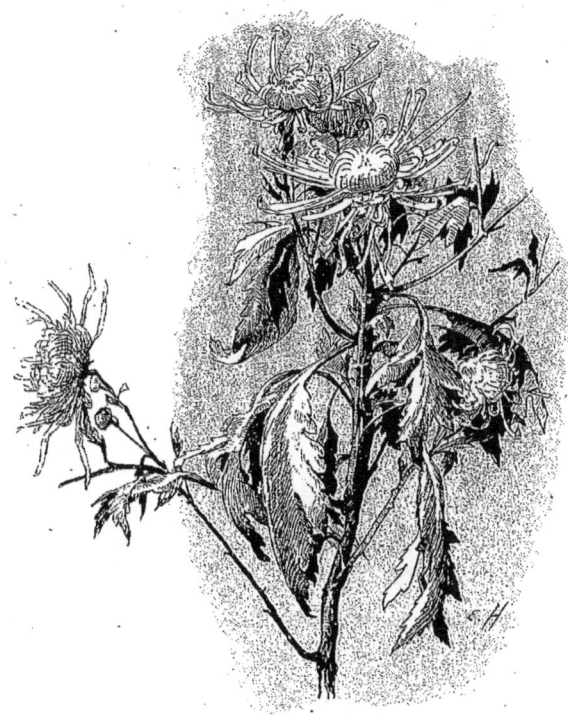

Chrysanthème, étude des feuilles.

écessaire de le redessiner à la mine de plomb et d'épousseter le fusain
vant de peindre pour éviter de salir les tons.
   La palette doit être préparée avec des tons se rapportant à ceux que
on va peindre; cela est indispensable pour gagner du temps. Le liquide,
omposé de trois parties, comme cela a été dit, sera, pour cette ébauche,
ugmenté de siccatif, afin que les tons où la laque entre en grande
uantité, puissent sécher du jour au lendemain. C'est par le fond qu'il
udra commencer. Comme on a eu le soin de préparer deux tons bleu-

vert et que l'on a fait aussi deux tons gris chaud, dont un plus rouge et plus foncé que l'autre, c'est avec cette gamme que l'on ébauchera, en mettant peu de couleur et beaucoup de liquide. Il faut que les plis de l'étoffe soient bien indiqués comme dessin, mais il est à remarquer que le fond étant loin du vase de fleurs, la forme des plis s'estompe,

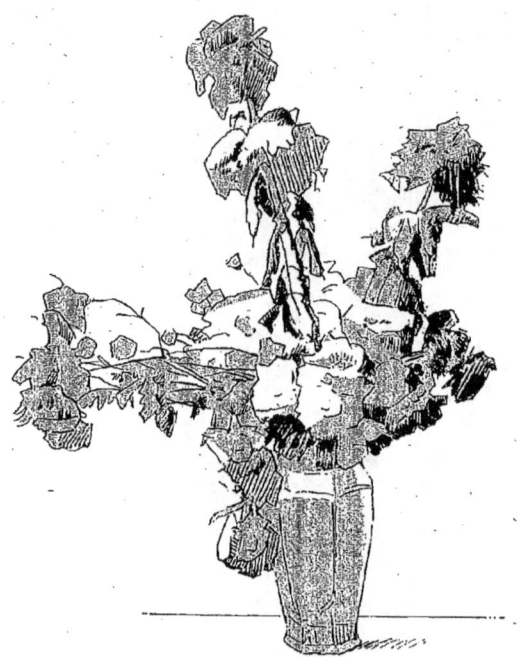

Bouquet de chrysanthèmes ébauché par masses.

devient vague et molle. C'est cette incertitude qu'il est nécessaire d'obtenir pour que les fleurs se détachent du fond, en un mot, pour que l'air y circule. (Voir la planche en couleurs.)

Pour l'ébauche des fleurs, il est nécessaire de procéder par plans d'ombre, de demi-teinte et de lumière et de masser chaque plan, sans se préoccuper des détails, ainsi que le montre le dessin ci-contre.

Les chrysanthèmes violet clair seront ébauchés avec deux tons, la partie de la lumière pourra être obtenue momentanément, en essuyant avec le chiffon pour faire un ton plus clair, qui modèle la fleur suffisamment pour une ébauche. Les autres fleurs foncées seront ébauchées de même façon, mais avec leur valeur, afin que lorsque la toile sera entièrement couverte, l'effet puisse déjà être très visible. Les chrysanthèmes

ancs seront ébauchés en réservant le fond de la toile pour faire les
arties claires. Si par manque d'habileté, on ne parvenait pas à réserver
s pétales clairs, on aurait recours à la pointe d'un canif ou à la hampe
u pinceau, ce qui est toujours préférable pour ne pas attaquer l'apprêt
e la toile. On remarquera que pour les fleurs claires, comme les chry-
anthèmes blancs, les ombres sont relativement foncées et très fines de
olorations, mais dans une ébauche, il suffit de bien établir les plans
ar valeurs, le ton de chaque valeur sera l'objet d'une autre séance, où
on exécutera définitivement; ce qui fait paraître foncées les ombres
'une fleur blanche, c'est qu'on a de la peine à se persuader qu'une
eur qui semble blanche dans ses parties claires, est en réalité très
olorée. Aussi est-on toujours obligé de renforcer la valeur des ombres
orsque l'on a mis le ton réel de la lumière, comme nous le constatons
haque fois que nous reprenons une étude pour la terminer. Le chry-
anthème jaune, qui semble, lui aussi, être très clair, est cependant très
onté de ton dans les demi-teintes et dans les ombres, si l'on songe
ue les lumières sont de la valeur du jaune citron pur. Or, le jaune
e cadmium citron, le plus clair, est lui-même bien foncé, si on le com-
are au blanc et pour qu'il semble clair, on se voit obligé de foncer
es demi-teintes. C'est aussi ce qui démontre que les autres fleurs
oivent être très foncées pour que les ombres de la fleur jaune parais-
ent claires. Les feuillages se peignent d'un seul ton pour l'ébauche, en
yant soin de conserver le dessin et en les mettant bien en valeur rela-
ive. On ébauche toute une masse de feuillages en procédant toujours
ar un ton foncé, une demi-teinte et un clair. S'il se présente des
étails de tiges passant sur les masses de feuilles, on ne s'en préoccupe
as en ébauchant les feuilles et on revient ensuite en dessinant les
iges, avec la hampe du pinceau; c'est un moyen qui permet d'effacer
t de recommencer facilement si l'on n'est pas assez habile pour dessiner
u premier coup. Il n'est pas indispensable de peindre les tiges des-
inées avec le bois du pinceau; pour une ébauche, il suffit que la place
oit bien déterminée pour ne pas hésiter quand viendra le moment de
'exécution. Le vase sera peint d'une seule valeur dans laquelle on pla-
era un ton plus foncé; s'il reçoit une lumière, on la réservera,
ou bien, l'on pourra, en essuyant avec le chiffon, l'obtenir momen-
anément. L'ombre portée par le vase sur la table sera mise ensuite, et
'ébauche de la table avec les reflets du fond et du vase termineront
'ébauche générale. Si toutes ces prescriptions ont été suivies, on pourra,
e lendemain, commencer l'exécution ainsi qu'il va être dit. Nous ne
aurions trop recommander d'employer peu de couleur en ébauchant;
il faut que rien ne gène l'exécution définitive et que tous les dessous
soient bien secs, pour que l'on puisse repeindre dessus sans la moindre
préoccupation.

Quand on exécute définitivement les chrysanthèmes, on doit d'abord terminer le fond, afin que les silhouettes des fleurs puissent venir s'ajouter ensuite. Le fond se reprend souvent alors qu'on le croyait terminé, et c'est presque toujours pour le simplifier qu'on le retouche. Quelle que soit l'expérience acquise, il est extrêmement rare que l'on exécute un fond du premier coup sans qu'il n'y ait à le simplifier pendant le cours de l'exécution, à moins qu'il ne soit d'un ton neutre et uni. Lorsqu'on veut peindre un fond coloré, motivé par une étoffe, on est obligé de dessiner les plis; il faut une grande habitude de composer pour savoir simplifier, afin que le fond s'éloigne, tout en conservant l'accent nécessaire qui indique la forme d'un pli; cet accent qui ne se voit pour ainsi dire pas, est la pierre de touche qui montre la maîtrise.

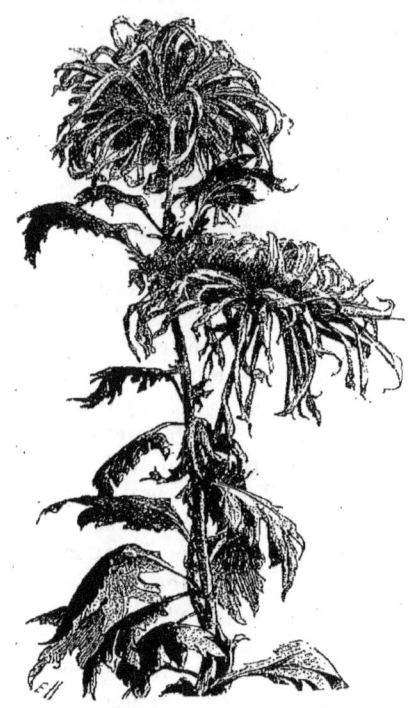

Étude de chrysanthème.

Les chrysanthèmes ont des pétales très longs et pittoresquement enchevêtrés, entre lesquels on aperçoit le fond; c'est pour les exécuter plus facilement qu'on est obligé de peindre le fond d'abord; lorsqu'on passe aux fleurs il faut commencer par celles qui se silhouettent sur le fond pendant qu'il est encore frais. Si l'on attendait au lendemain, on aurait beaucoup de peine à éviter de faire sec, dur, sans air, parce que le ton ne se fondrait pas sur le bord des silhouettes, et les fleurs auraient l'air d'être en papier découpé et collées comme une image. Nous avons dit que généralement l'ébauche était d'une gamme trop claire, cela est démontré dès que le fond est peint à sa valeur, mais quand on a l'habitude de peindre, on repart dans une gamme plus forte et tout marche à souhait. On commence par faire le ton foncé du chrysanthème et l'on dessine avec le pinceau les pétales dans l'ombre; le dessin des ombres donne à l'étude la forme dans les détails, et cela permet d'utiliser une grande partie de l'ébauche. Quand on a quelques années de pratique, on sait ébaucher de façon à ce que les tons puissent servir, et qu'en ajoutant seulement des accents clairs ou foncés, on termine rapidement les parties du second plan.

Le morceau principal doit être peint autrement, il doit être exécuté avec un soin plus grand et tout d'une coulée, c'est-à-dire dans le frais ; il ne faut pas y revenir ensuite, à moins que ce ne soit pour accentuer une ombre par un glacis.

Il est à remarquer que les pétales dans l'ombre perdent leur coloration quand ils touchent le fond ; c'est ce qui aide à les détacher. La même valeur colorée semble plaquée au fond, elle s'en détache, au contraire, lorsqu'on éteint la coloration par un ton neutre.

Il n'y a pas de procédé spécial pour peindre les chrysanthèmes, et tout ce que l'on peut dire, se résume à ces conseils : Placez les fleurs autant que possible par tons complémentaires, en ayant soin de mettre les plus claires du côté de la lumière et au centre du bouquet. Choisissez un groupe pittoresque pour concentrer tout l'effet et sur lequel vous exécuterez le mieux possible ; enfin, ayez soin qu'il y ait des plans d'ombre et de lumière bien accentués pour que l'étude ait beaucoup d'effet.

Quand tout est terminé, comme c'est généralement trop fini partout également, on procède à un

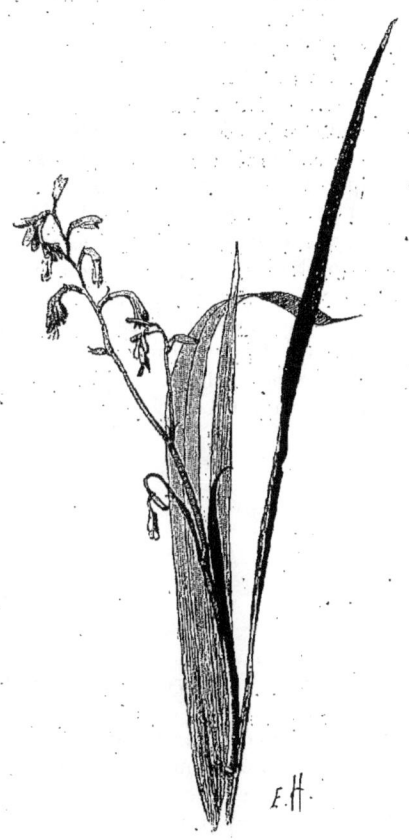

Montbrésie.

réglage des valeurs qui finit le tableau ou l'étude. On regarde pour cela chaque plan et on y éteint les détails qui le compliquent. On obtient ce résultat en faisant le ton de l'ensemble des valeurs et en frottant très légèrement pour noyer les détails. C'est en simplifiant le morceau principal qu'on le fait paraître très fini.

Beaucoup de peintres de fleurs et de fruits font des anachronismes dans la composition de leurs tableaux, et ne semblent pas se douter que les cerises ou les boules de neige ne mûrissent pas ou ne fleurissent pas en même temps que les raisins et les chrysanthèmes. Bien qu'il soit préférable de ne pas composer un tableau de fleurs ou de fruits avec des éléments qui ne peuvent se rencontrer dans la même saison, cela au point de vue de l'art, n'a qu'une importance secondaire; si le tableau est bien composé, bien dessiné et bien peint, c'est là l'important. Toutefois, en plaçant dans un même récipient des fleurs ou des fruits qu'on ne pourrait réunir à une même époque, on donne prise à des critiques qu'il est toujours préférable d'éviter.

Toutes les fleurs, toutes les plantes sont belles, les plus simples, les moins apparentes, peuvent, à un moment donné, faire le sujet d'une étude ou d'un tableau; tout dépend de l'effet et de la manière dont on les interprète. C'est ainsi qu'on peut peindre de jolies toiles avec les plantes les plus simples ou les plus communes, telles que : les chardons, les orties, les pas-d'âne, les roseaux, les genêts, les bruyères, les fougères, etc. Toutes ces diverses espèces sont à rechercher et à étudier pour le peintre. Pour l'illustrateur ou le décorateur, elles contiennent des trésors inépuisables où ils trouveront toujours à prendre sans jamais en tarir la source.

FRUITS

Les Fruits. — La représentation des fruits, qui intéressa les artistes de tout temps, n'est pas, à quelques rares exceptions près, un genre où les peintres se spécialisent. Les peintres de fleurs qui ne peignent que ce genre, sont généralement aussi des peintres de fruits, car il semble qu'il soit tout naturel de peindre des pommes à l'automne quand on a peint les fleurs du pommier au printemps. Peindre les branches d'un prunier ou d'un cerisier avec leurs fleurs, n'est pas plus difficile que de les peindre avec leurs fruits, et ne constitue pas une différence sensible dans les procédés d'exécution. On est peintre de fleurs et de fruits et presque toujours aussi, peintre de Natures mortes, mais selon le goût ou les aptitudes, on peint plus souvent ceci ou cela, tant il est vrai « *qu'on aime à faire ce qu'on fait bien* ».

Les catalogues des musées ainsi que les recherches biographiques des écrivains d'art, nous montrent qu'à toutes les époques on fut charmé par la grâce du dessin, la finesse et l'éclat des couleurs, des fleurs et les fruits.

Tous les peintres anciens et modernes ont cultivé plus ou moins ce genre. Quelques-uns y ont tellement réussi qu'ils s'y sont consacrés entièrement et finirent même par se spécialiser uniquement dans la représentation des fruits; les fleurs devenant peu à peu l'accessoire obligé comme la Nature morte, mais ne tenant dans la composition qu'un rôle secondaire.

Un peintre de beaucoup de talent en ce genre, fut Franz *Snyders*, Seneyders ou Snyers, né à Anvers en 1579, mort en 1657. Bien qu'il ait abandonné les fleurs et les fruits pour se consacrer plus tard entièrement à l'étude des animaux où il excella, les musées d'Europe et entre autres celui du Louvre à Paris, possèdent de ce peintre, de très beaux tableaux de fruits, peints largement, à la manière de Rubens, avec lequel il collabora souvent. Snyders peignait les accessoires dans les tableaux de Rubens, et le maître, à son tour, peignait les figures dans les tableaux de Snyders.

On peut dire que le maître, dans le genre qui nous occupe, fut, sans conteste, *David de Heem*, qui, s'il est discuté par les artistes professionnels qui ne voient, dans le précieux de son exécution, que le petit côté de l'art qu'ils placent au second rang, ne fut pas moins un homme d'un talent surprenant et un exécutant sans rival.

David de Heem naquit à Utrecht en 1600, et mourut en 1674. Il fut d'abord élève de son père qu'il surpassa, malgré le réel talent de ce dernier, comme il devint rapidement supérieur à tous les peintres de son époque dans la peinture dite des déjeuners (c'est ainsi qu'on désignait autrefois ce genre de tableaux qui représentaient des tables chargées de fruits, de gibier, de poissons, etc.). L'exécution surprenante de cet artiste, le place parmi les patients, les Bénédictins de l'art, il fut étonnant à la manière d'Abraham Mignon, son contemporain. Mais les artistes, tout en lui reconnaissant beaucoup de talent, ne le placent pas aussi haut que le public en général le suppose, parce que ce qui frappe avant tout les ignorants quand ils regardent un tableau, c'est l'exécution. Plus ils voient de détails et plus ces détails sont fins, plus ils sont charmés, c'est ce qu'ils nomment une peinture bien finie.

Nous ne ferons pas une biographie complète de tous les peintres qui ont peint les fruits avec succès, cela nous mènerait hors des limites que nous nous sommes imposées; mais nous ne pouvons parler des plus célèbres, sans citer encore un artiste moderne qui eut une réputation énorme dans ce genre; nous voulons parler de Saint-Jean, une des gloires de l'École lyonnaise qui compte tant de grands artistes.

« Les nombreux tableaux, exécutés et exposés par Simon Saint-Jean, représentent presque sans exception des fleurs, des fruits, des bouquets, des corbeilles. Nous citerons parmi les plus estimés : *Bouquet sur une Tombe*, inspiré d'une stance des Harmonies poétiques (1835) ; *Compagnie de Perdrix rouges* ; *Le Panier de Fraises* (1841) ; *Guirlande de Fleurs autour d'une Niche gothique de la Vierge* ; *Bouquet dans une Grotte* ; *Jeunes Filles portant des Fleurs*, et tous ses envois à l'Exposition universelle de 1855 ; *La Récolte* ; *les Raisins* ; *Fleurs et Fruits* ; deux tableaux appartenant à l'État ; *Panier de Roses sur un bas-relief*, acquis par le marquis d'Herfort ; *Fleurs des Tombeaux*, à M. Jacobson ; *Fleurs et Fruits*, au comte de Morny ; *Framboises et Oranges*, à M. Corvisart ; *Notre-Dame des Roses*, placée depuis au musée du Luxembourg[1]. »

Ces notes sur Simon Saint-Jean sembleront peut-être un peu longues au lecteur, mais nous les avons jugées utiles, parce que nous savons combien les titres des tableaux sont suggestifs par eux-mêmes, et peuvent faire naître des projets de tableaux au moment où on y songeait le moins, tant la pensée est rapide et l'imagination féconde chez les artistes. Pour ces privilégiés tout est à voir, à lire, à observer et à retenir. Ainsi, par exemple, ce titre qu'on vient de lire : *Bouquet sur une Tombe*, ne fait-il pas naître l'idée d'un paysage mélancolique, où dans le jour gris et la tiédeur d'une après-midi d'automne, nous avons entrevu la silhouette endeuillée d'une pauvre veuve agenouillée, pendant qu'un bébé joyeux et inconscient déposait un bouquet sur la tombe du cher aimé disparu à jamais ! Ou ce qui est plus mélancolique encore, n'imagine-t-on pas une tombe abandonnée, enfouie sous de hautes herbes, où gisent des couronnes DÉTEINTES ; sur une croix penchée, se lit vaguement une inscription incomplète, puis, au milieu de cet abandon, un petit bouquet tout frais, apporté par un ami qui n'oublie pas. Quel monde de pensées peut faire naître ce bouquet, dont les fleurs éclatantes dans ce cadre fané n'ont pour témoin que le silence troublé par le vent et le tournoiement des feuilles mortes.

Beaucoup de peintres de Natures mortes exposent chaque année, au Salon de Paris, des tableaux de fruits qui sont très agréables. Les femmes peintres sont aussi très éprises de ce genre, et quelques-unes y réussissent fort bien. Il serait trop long de citer ici les noms aimés du public, et pour ne pas fatiguer le lecteur, nous nous bornerons à nommer *Bergeret* comme étant incontestablement l'un des premiers.

Bergeret (Pierre-Denis) est, à vrai dire, un peintre de Natures mortes, bien plus qu'un peintre de fruits ; mais il a fait de si beaux tableaux en ce genre, que son nom est venu tout seul sous notre plume, en parlant des spécialistes, tant il nous est resté présent à la mémoire. La couleur et l'exécution de ses tableaux de fruits sont parfaits. L'immense succès que Bergeret avait obtenu au Salon de 1877, avec son

[1] Ces détails biographiques ont été puisés dans le *Dictionnaire des Contemporains* de Vapereau.

tableau des *Crevettes*, l'avait placé dès cette époque, à la première place parmi les peintres de Natures mortes; mais il ne s'en tint pas à ce genre et montra successivement à ses confrères, avec quel talent il traitait également les fleurs et les fruits.

Nous avons demandé à ce maître de nous dire ici ce qu'il pensait utile d'apprendre, avant tout, aux jeunes artistes qui désirent se frayer une voie dans le genre où il a lui-même si bien tracé la sienne; voici ce qu'il nous a répondu :

« Mon cher confrère,

« Ce que vous me demandez vous le savez aussi bien que moi. Pour bien peindre la Nature morte, il suffit de la bien voir, de bien ressentir ce qu'on voit et de bien rendre ce qu'on a ressenti. Avec cela un peu de métier que dix ou quinze ans d'études sérieuses permettent facilement d'acquérir. Enfin, en attendant les acheteurs, des habitudes peu coûteuses et un estomac sans exigence.

« Agréez, cher confrère, etc.

« BERGERET. »

Nous ne commenterons pas ces lignes qui nous paraissent d'une ironie un peu amère, mais nous les reproduisons afin qu'elles montrent aux jeunes par tout ce qu'elles sous-entendent, que la gloire ne s'acquiert pas sans un énorme travail, et une renonciation entière à tout ce qui est plaisir pour les autres.

Nous allons donner les moyens pratiques de peindre les fruits, mais nous ne parlerons pas de tous les détails préliminaires, ni de l'outillage qu'il est nécessaire de se procurer pour peindre. Tout cela a été décrit dans les deux premières parties de cet ouvrage, où il sera facile de puiser les renseignements dont on aurait besoin.

La palette du peintre de fruits est la même que celle du peintre de Natures mortes, mais il sera utile de la compléter en faisant soi-même des tons se rapportant à ceux que l'on veut peindre, ainsi qu'il est dit pour le peintre de fleurs, dont la palette varie selon les colorations des fleurs qu'il peint.

Prunes noires et pruneaux. — De tous les fruits ordinaires, la prune est un des plus intéressants à peindre, non seulement pour le plaisir d'en faire une étude, mais aussi parce qu'il se prête à des tableaux agréables. Les professionnels le savent tellement que beaucoup d'entre eux ne laissent jamais passer la saison sans en peindre quelques toiles, dont la vente est assurée d'avance, tant le public, en général, aime ces tableaux. Dans notre jeunesse, il y eut un artiste, nommé Claude, qui avait mis à la mode un genre de tableaux qui obtint un succès énorme ; c'était tout simplement la représentation d'un petit panier de prunes noires.

Les paniers de prunes de Eugène Claude faisaient tellement fureur que des marchands peu scrupuleux en firent faire des copies et les signèrent du nom préféré du public. On le sut, et, peu à peu, on s'abstint d'en acheter. Voilà comment finissent les meilleures choses.

Manière de peindre les prunes noires. — Pour faire une étude seulement et non pas un tableau, toutes les préparations sont bonnes; et le fond blanc est encore, comme toujours, le meilleur moyen d'obtenir la fraîcheur et la conservation des tons. Cependant pour la rapidité du travail, un fond quelconque, mais plus foncé est préférable. Quoique les

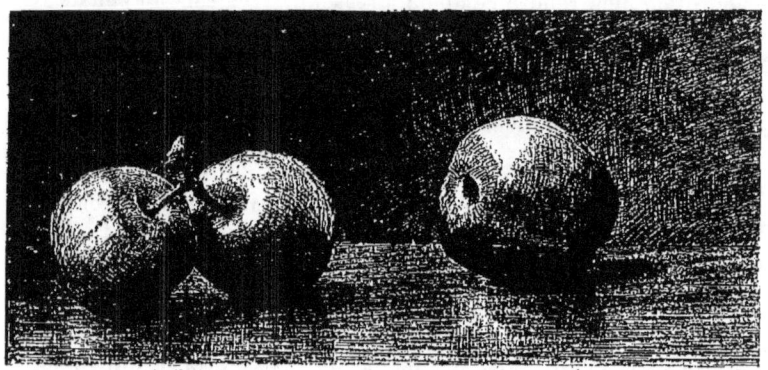

Prunes noires.

fruits ne se fanent pas aussi vite que les fleurs, il est cependant nécessaire de les peindre en peu de temps, et pour cela il est bon de se servir de toiles apprêtées depuis longtemps d'un ton un peu foncé. Ce ton peut être un gris neutre, composé avec du blanc, du noir, de l'ocre rouge et un peu d'ocre jaune. Ainsi muni d'une toile et de bons pinceaux de martre, plats, on commencera par peindre une seule prune afin de la mieux exécuter (il est bon de peindre ces études, en commençant dans le haut de la toile à gauche, et en continuant de peindre, soit le seul fruit, soit le petit groupe de trois ou cinq fruits qui font le sujet de l'étude).

Ces études qui rappellent les bâtons qu'on faisait étant écolier, ou les yeux et les nez, quand on apprenait les premiers principes du dessin, ont l'avantage de constituer une sorte de bibliothèque qu'on aura toute sa vie besoin de consulter quand on voudra composer des tableaux sans avoir la nature sous les yeux.

Après avoir fait un dessin de la prune, en se servant de craie ou de

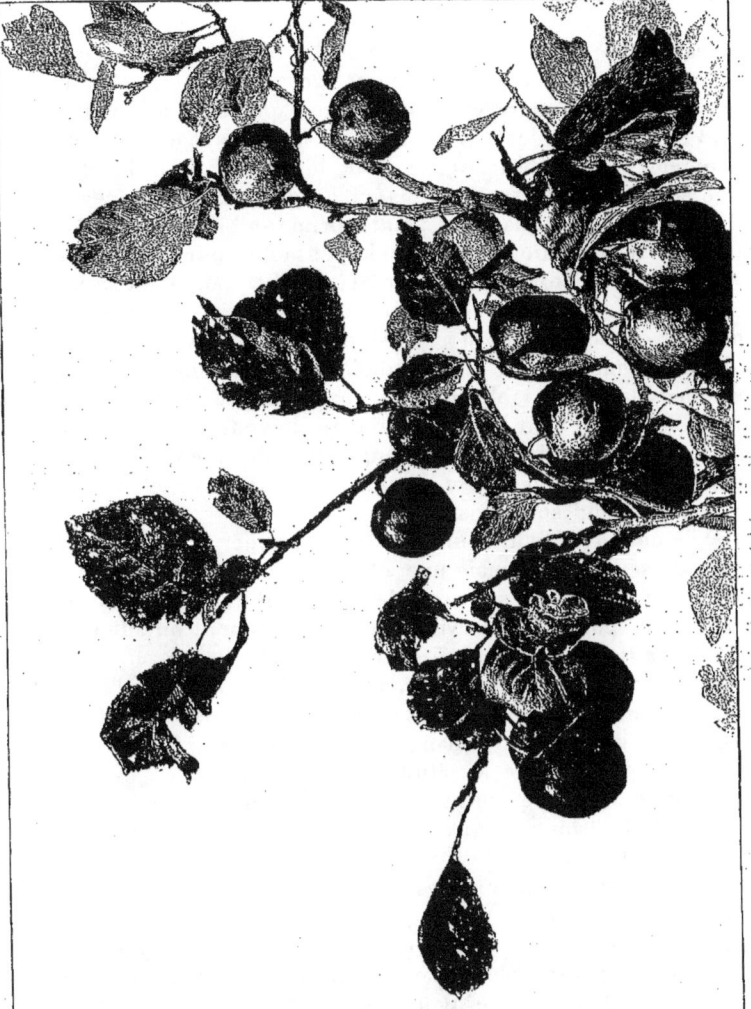

Branches de prunier chargées de prunes.

fusain, on aura soin de redessiner avec le ton violet foncé qui est sur la palette, en procédant ainsi qu'il a été dit précédemment[1].

[1] Voir au commencement des *Natures mortes*, le dessin d'un livre.

Ce dessin doit se faire avec beaucoup de liquide, comme une aquarelle (il est indispensable que ce liquide soit très siccatif, afin que la laque, employée en grande quantité, ne mette pas un temps trop long pour sécher).

Il faut généralement peindre ces études avec des pinceaux de martre, parce que le poil est plus doux que la soie des brosses, et qu'il est plus facile de couvrir le fond sans rayer la pâte, ainsi que cela se produit toujours quand on emploie des tons composés avec des couleurs non couvrantes, comme le bleu, la laque, le noir, le brun Van Dyck, etc., quand elles ne sont pas mélangées de blanc. En général, les pinceaux sont préférables aux brosses quand on peint sur un fond lisse et apprêté blanc ou gris clair; le pinceau est aussi indispensable pour l'exécution d'un détail très petit qui exige un dessin très exact. Comment pourrait-on s'en passer, par exemple, pour peindre la queue d'une prune si on veut la modeler consciencieusement? — Nous parlons ici de la prune seule, considérée comme étude; il a été démontré plus loin qu'elle ne doit être exécutée dans un tableau que selon le degré d'importance qu'elle occupe. Celles qui sont au premier plan doivent être très étudiées; quant aux autres, elles doivent seulement être bien dessinées dans leur ensemble, dans leur masse d'ombre et de lumière, et surtout être peintes avec un grand souci des valeurs.

Mais, pour l'étude d'un fruit seul, il faut s'appliquer à en bien exécuter les plus petits détails; jamais une étude n'est trop faite; il faut qu'elle rappelle exactement le souvenir de la nature quand on voudra plus tard la consulter pour s'en servir, et c'est au moment où elle sera recopiée, qu'on aura toute liberté de supprimer ce qu'on jugera superflu. On pourra alors peindre plus largement, n'étant plus gêné par l'impitoyable nature qui vous ramène toujours au calme, en vous démontrant votre impuissance et surtout votre manque de conscience.

Cela nous amène à dire que les études doivent être faites avec la conscience la plus minutieuse, et que les tableaux doivent être peints avec toute la liberté dont on se sent capable, pour qu'on n'y voie jamais l'effort et la peine de l'artiste.

Il faut peindre d'abord les tons les plus foncés, et la partie dans l'ombre est naturellement celle par laquelle on commence. La laque ordinaire et le bleu d'outre-mer sont les deux couleurs qui composeront la plus grande partie des tons. Cependant, pour donner plus de vigueur dans certaines parties d'ombres, on peut employer aussi le noir d'ivoire ou le bleu de Prusse et la laque de garance foncée; mais il convient de ne se servir du bleu de Prusse que comme moyen extrême et pour quelques touches qu'on veut obtenir très noires. Lorsqu'on a ajouté les tons chauds et même rouges, qui se rencontrent dans les prunes dites pruneaux, on peint le ton bleu clair qui modèle tout, et on termine par le luisant qui se trouve sur la partie où frappe la lumière. Ce luisant doit être placé d'abord en employant un ton chaud qui peut se faire avec de la mine orange et du blanc, en le tenant beaucoup moins clair qu'on ne le voit, et en le fondant par petites touches, pour qu'il se modèle avec la partie où il se trouve placé. On le termine en ajoutant un autre clair plus fort et plus lumineux dans le centre du précédent, ainsi que le représente la planche en couleur. Les prunes noires et les pruneaux que nous donnons comme exemple, montrent la différence de forme et de couleur de ces fruits qui sont tous les deux forts intéressants à étudier, et font toujours des tableaux agréables, quand on y ajoute un peu de Nature morte, soit un papier blanc, soit la note blanche d'une assiette ou d'un torchon dans lequel les prunes sont contenues. Un vase de cuivre jaune, chaudron ou autres, donne aussi une harmonie agréable.

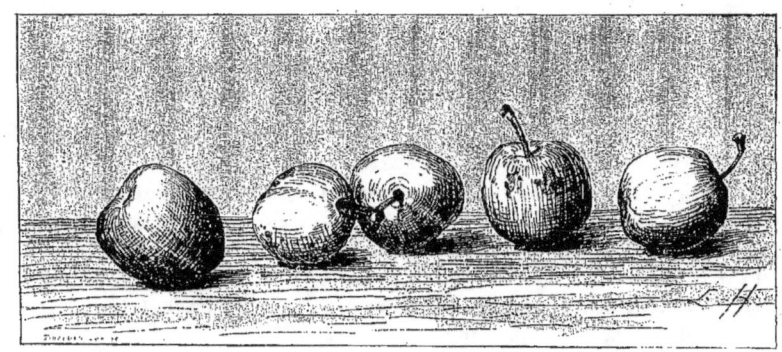

Prunes reine-claude.

Les prunes reine-claude. — C'est toujours les mêmes principes qu'il faut employer; quant aux études, le ton change seulement, mais la manière de procéder reste la même, avec la différence que les tons sont beaucoup plus variés et bien plus difficiles à trouver.

Cette prune est surtout récréative à peindre par le côté pittoresque qu'elle offre souvent quand elle est bien mûre. Elle se crevasse, se fend, s'ouvre, et laisse voir, pour ainsi dire, son suc savoureux; quelques-unes s'écrasent et répandent leur jus.

Pour peindre la prune écrasée, il faut, en se servant d'un pinceau de martre plat, prendre les tons qu'on juge convenable d'employer, en ne les mêlant pas dans le pinceau. Le hasard produit alors un pêle-mêle de tons, dont on utilise ceux qui semblent le plus se rapprocher de la nature, et on corrige le reste le moins possible, afin de ne pas salir la transparence qui existe dans un coup de pinceau non retouché.

Ces parties juteuses s'obtiennent surtout avec les couleurs non couvrantes, comme la laque de Gaude, le jaune indien, la terre de Sienne naturelle ou brûlée, dans lesquelles on ajoute des tons composés du second rang de la palette, en touchant légèrement avec le pinceau sans les mélanger. Quand on a placé les tons de ces parties molles, on les rehausse et les modèle en peignant leur ombre portée et en peignant les brillants que la lumière accroche aux parties mouillées. On peint ensuite le noyau, en observant bien le sens du bois; il est très important de peindre dans ce sens, pour obtenir une facture solide qui fasse contraste avec les parties molles de la chair du fruit. Un dessin aussi exact que possible est indispensable à cet effet, et il est nécessaire, pour bien rendre, de ne rien négliger dans les détails de la forme des ombres et des lumières, tout en s'efforçant d'éviter la sécheresse.

Quand on peut se placer de façon à ce qu'une certaine partie du fruit ou du noyau se reflète dans le liquide répandu, il faut profiter de cet auxiliaire qui forme toujours un détail utile et agréable et fait dire aux spectateurs l'éternelle rengaine, qui marque bien leur admiration : « *L'eau vous en vient à la bouche.* » Quand on procure à la critique le plaisir de placer ce lieu commun, elle est désarmée.

En terminant ces conseils, nous recommanderons de peindre toujours un fond derrière chaque fruit, afin de modeler le contour et de bien le mettre en valeur dans le milieu où il se trouve placé. Ces fonds peuvent et doivent être variés d'effet et de couleurs diverses; les études doivent se faire ainsi pour être utilisées dans tous les genres de tableaux, pour lesquels on devra les consulter.

Le tableau de prunes. — Quand on dispose une Nature morte, des fleurs ou des fruits et, en général, tout ce qu'on veut peindre pour faire ce qu'on nomme un tableau, il faut avant tout se préoccuper de deux choses : la ligne et l'effet.

Il ne suffit pas que la composition d'un tableau soit bien ordonnée, qu'elle s'arrange bien, comme on dit dans le langage des ateliers, et que les lignes en soient heureuses, il faut que l'effet en soit saisissant, ou tout au moins agréable ; pour obtenir ce résultat, il faut que le jeu des ombres et des lumières en ait été savamment combiné.

La ligne, le style, sont des recherches qui doivent aussi préoccuper l'artiste, parce que ce sont les seuls éléments qui subsistent à travers les siècles.

Nous ne plaçons pas la ligne, la composition ou le dessin, si ces termes expliquent mieux notre pensée, avant tout ce qui doit intéresser le peintre quand il compose un tableau, l'effet doit aussi être son but constant et marcher de pair avec la composition. Ce qui nous attire tout d'abord dans un tableau, c'est son effet et sa couleur ; ce qui nous retient, c'est sa composition et son exécution.

L'effet d'un tableau doit donc être très cherché et très raisonné quand on dispose les fruits qu'on va peindre. Si on changeait la disposition de l'effet pendant le cours de l'exécution, tout serait à peu près perdu. Il est rare que les lignes qui faisaient bien par un éclairage qui leur convenait pour un effet déterminé, puissent s'adapter à un autre éclairage ; si on change l'effet *radicalement*, il vaut mieux recomposer, même prendre une autre toile et recommencer. Il n'y a pas lieu de tout refaire, si on s'aperçoit que telle partie d'un tableau ferait mieux dans l'ombre ou que telle autre gagnerait à être plus éclairée ; ce n'est qu'une question de détail à laquelle on peut remédier facilement ; il faut, pour cet effet, procéder ainsi : placer des draperies (comme il est indiqué dans la partie qui traite les Natures mortes) de façon à obtenir une ombre à la place voulue et passer un glacis foncé sur ce qui est peint trop clair, pour le remettre dans la valeur indiquée par la nature.

Ce glacis ne devra être que provisoire, il servira seulement de guide pour connaître la valeur, mais toute cette partie devra être repeinte pour qu'on ne puisse voir le repentir et aussi pour que la peinture, à cet endroit, ne noircisse pas plus vite que d'autres, ce qui se produirait infailliblement.

La pyramide est toujours le principe qui sert de base à toutes les compositions ; elle est plus ou moins accentuée, plus ou moins relevée ou dissimulée, mais c'est le principe invariable pour bien composer.

Moins il y a d'objets, plus il est difficile de les arranger pour obtenir une ligne agréable. Si on peint seulement quelques prunes dans un plat carré, rond ou de forme quelconque, l'arrangement possible n'est pas très varié, et celui que montre notre planche en couleur est un des meilleurs, à cause de sa simplicité qui le rend plus naturel et pour ainsi dire familier. C'est comme on peut le voir, le principe de la pyramide dans son expression la plus simple.

Il y a toutes sortes de combinaisons possibles et pittoresques pour arranger un simple plat de prunes ou un objet quelconque dans lequel elles peuvent être contenues. Le goût seul de l'artiste doit présider à ce choix ; nous pourrions en fournir beaucoup d'exemples, mais nous n'en reconnaissons pas la nécessité, ayant indiqué la seule loi indispensable à connaître et à observer quand on dispose les fruits qu'on veut peindre.

Les prunes peuvent fournir le prétexte à de grandes compositions ainsi que l'ont prouvé de réels artistes, comme Philippe Rousseau et Bergeret par des tableaux très importants, dont le succès est inoubliable. Ces tableaux qui représentaient des intérieurs de cuisine le jour où on faisait les confitures, avaient entraîné leurs auteurs à peindre des ustensiles de ménage très pittoresques qui, sans empêcher les prunes d'y tenir la place la plus importante, les accompagnaient fort agréablement. En partant de cet ordre d'idée, le champ devient très vaste, car on peut aller jusqu'au paysage et peindre la récolte des prunes, ce qui entraînerait à peindre d'énormes paniers pleins de prunes, des branches entières qui peuvent être cassées aux arbres et placées auprès des paniers, et même des pruniers tout entiers avec les figures plus ou moins importantes, dans l'action et les mouvements pittoresques qui s'observent pendant la récolte des prunes et de tous les fruits.

Nous pensons avoir à peu près épuisé la question dans ce qu'elle a de plus important, et nous ajoutons, pour terminer, une recommanda-

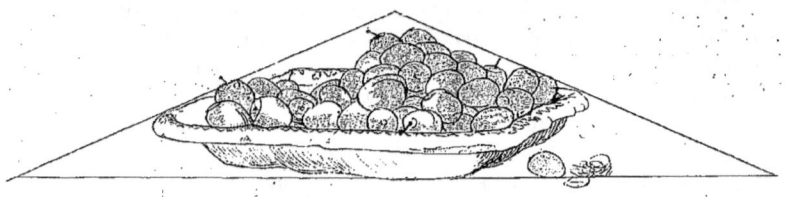

Principe de la pyramide.

tion qui nous semble utile : Il est nécessaire de préparer à l'avance, le tableau qu'on veut peindre avec les prunes. Un bon dessous permet ensuite d'exécuter rapidement. Il faudra donc étudier sérieusement, par une esquisse, la composition du tableau qu'on se propose de peindre, ébaucher le tableau d'après nature, en faisant poser les Natures mortes disposées à cet effet, et ne pas préciser par un dessin arrêté, la forme des prunes qu'on n'a pas sous les yeux. Il faut ne mettre que la *tache*, c'est-à-dire la *note* ou la couleur du fruit qu'on peindra plus tard à cette place et qui deviendrait gênante si on la précisait à l'ébauche.

D'une manière générale, pour qu'un tableau ne soit pas d'une facture pénible et que la couleur en soit belle et fraîche, il est préférable de ne pas ébaucher dans le ton définitif, voici pourquoi : Pour obtenir un ton quelconque (prenons le bleu par exemple) si vous peignez, à l'ébauche, dans le ton définitif, quand vous le repeindrez pour l'exécuter, il sera bouché et sans air. Si, au contraire, vous avez un dessous rougeâtre comme ébauche, le bleu définitif sera transparent et aéré, parce que les touches de la brosse ne seront pas d'une épaisseur de pâte égale, et que le même ton ainsi posé, couvrira plus ou moins le dessous, en faisant jouer le ton. On dit aussi, quand on laisse apparaître des tons de l'ébauche, dans certaines parties de l'exécution, faire chanter les dessous.

Ébaucher un tableau en grisaille ou en camaïeu d'un ton chaud, tel que l'ocre rouge, est une manière de procéder très ancienne, qui offre de grands avantages, et qu'on fera bien d'essayer pour en apprécier l'utilité.

Le melon. — Ces fruits délicieux, aussi beaux à peindre que bons à manger, offrent au point de vue pictural, une ressource qu'il faut utiliser, quand la saison le permet, pour documenter la bibliothèque aux études et enrichir les cartables ou portefeuilles à dessins. Il sera bon de faire des croquis et des dessins de toutes les espèces de melons, et meilleur encore d'en exécuter des études peintes qui serviront plus tard à composer des tableaux ou des motifs de décoration. Le melon est un fruit qui ne se conserve que fort peu de temps quand il est mûr. Il est donc très urgent de le peindre dans la journée si on veut qu'il soit mangeable après qu'il a servi de modèle. Heureusement que pendant le mois d'août, véritable moment où on doit peindre les melons, les jours sont encore très longs, et de cinq heures du matin à six heures du soir, on a tout le temps nécessaire pour faire une grande étude peinte et plusieurs dessins.

Le cantaloup. — Cette espèce est une des plus belles à peindre; sa forme est d'un dessin pittoresque à cause des côtes très saillantes qui la caractérisent; elles ont des rugosités séparées par des sillons très profonds dans lesquels le jeu des ombres et des lumières se donne toute liberté. La couleur de ces côtes est aussi très amusante pour le peintre; il y en a de vertes, de jaunes et de brunes qui forment de très beaux tons et aident à donner beaucoup d'effet à l'étude. Avant de commencer à dessiner ou à peindre, il faudra chercher attentivement l'*effet* à donner au modèle. Il est nécessaire de choisir un éclairage vif, voire même un peu heurté. Le jour pris de gauche à droite, est le meilleur pour la commodité du travail et pour tirer un bon parti des ombres et des lumières; on obtient, en éclairant ainsi, un relief puissant qu'il est toujours nécessaire de rechercher.

Il est facile, si on possède quelque peu l'habitude de peindre, d'exécuter du premier coup et d'une façon définitive, une étude d'après nature, avec un cantaloup. Toutefois, il est indispensable, pour obtenir un bon résultat, de ne pas prendre n'importe quelle toile ou quel panneau sans réflexion. La toile la meilleure sera celle qui aura déjà servie à d'autres études, et qu'on aura eu soin de repréparer en passant dessus une couche de blanc d'argent. Toile ou panneau au choix peuvent être employés, mais à la condition de ne pas être apprêtés lisses, comme ceux qui se vendent dans le commerce; d'une façon générale, les apprêts que l'on refait soi-même, sont toujours préférables, et pour peindre des objets rugueux, comme les côtes du melon, un apprêt lisse ne pourrait faire obtenir qu'une peinture *mince*, *sèche*, et donnerait comme résultat tout l'opposé de ce qu'il faut obtenir.

La première étude à faire d'un cantaloup c'est un effet de l'aspect ordinaire du fruit tel qu'il se vend, si on peut l'acheter sur pied et obtenir quelques feuilles adhérentes à la tige. Il ne faudra pas négliger cet auxiliaire qui sera un élément très utile pour donner de l'élégance à la composition. Quand on aura fait plusieurs dessins de différents effets en variant la pose, on placera le cantaloup dans une assiette ou

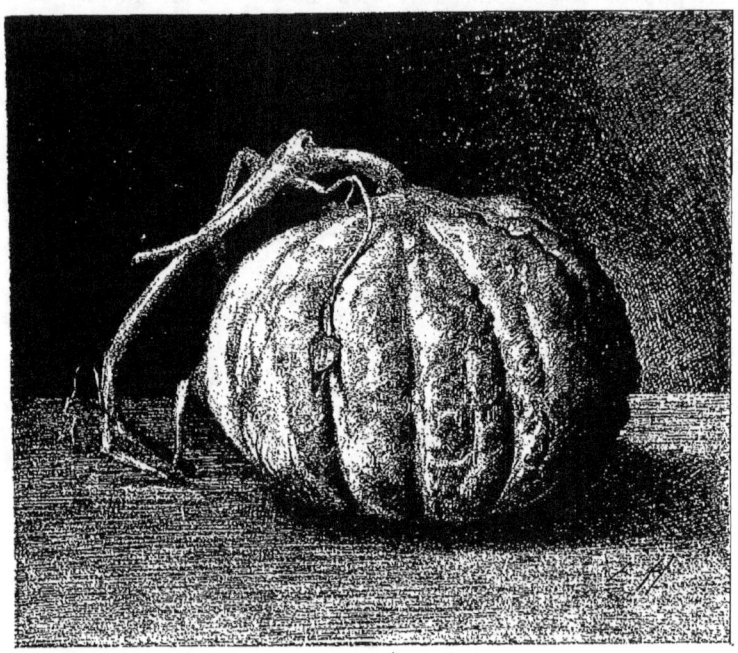

Le cantaloup.

tout autre objet, on l'ouvrira et on fera une étude de l'intérieur et des tranches du fruit, comme l'indique la planche en couleur.

On pourra reprocher à cette étude la banalité du sujet, si on le considère comme un motif de tableau, mais notre but ne se borne pas à conseiller de peindre un melon tel que nous le représentons. Nous avons voulu seulement montrer un exemple pour donner quelques explications sur la manière de procéder à son exécution en tant qu'étude. Quand on voudra ensuite peindre un tableau dans lequel devra figurer un de ces fruits, les études anciennes pourront être utilisées pour l'ébauche et la composition générale, mais il faudra toujours se procurer d'autres fruits pour exécuter définitivement l'ensemble.

Pour la démonstration actuelle, si on a l'intention de faire une étude terminée en une seule séance, voici comment on procédera :

Commencez toujours par dessiner le mieux possible en y consacrant tout le temps nécessaire ; non seulement l'étude en sera bien meilleure, l'exécution se fera plus rapidement et la couleur en sera plus fraîche, mais on aura aussi beaucoup plus de plaisir à peindre en évitant de nombreux tâtonnements. Le dessin indiqué au crayon, à la mine de plomb ou au fusain, il sera bon de redessiner à l'encre de Chine, au moyen d'une plume ou d'un pinceau à filets, à moins qu'on ne préfère dessiner avec un jus d'essence, en prenant une couleur jaune se rapprochant de celle de la chair du melon, et un ton vert foncé, pour indiquer le dessin des côtes. Cela est facultatif et laissé au choix de l'élève, pourvu qu'on dessine scrupuleusement, c'est là l'important.

Si le panneau ou la toile employés sont apprêtés blancs, il faudra commencer par poser la valeur du fond ; cela fait, on continuera par peindre le milieu intérieur du melon, ses tons jaunes orangés et violets se trouveront aisément en ajoutant aux tons jaunes composés de la palette, ce qui leur manque en jaune de cadmium ou en mine orange (toujours se servir du blanc de zinc dans ces mélanges). On remarquera que les gris à rechercher pour faire valoir le jaune orangé sont toujours des tons *complémentaires*, c'est-à-dire violets ; ils se composent avec du bleu (outre-mer ou cobalt) et de la laque fine mêlée de blanc. Ce ton complémentaire ainsi qu'il est aisé de le constater dans les gris de la lumière comme dans les gris de la demi-teinte, sont de la plus grande importance pour obtenir le ton exact des jaunes. Quant à leur qualité de ton, comme elle est aussi très variée, on pourra obtenir d'autres gris violets, en se servant des violets composés qui se trouvent au second rang de la palette, en y ajoutant du blanc pour les éclaircir et au besoin en les réchauffant avec un peu de vermillon.

L'étude sera continuée en plaçant les bleus foncés sous la côte qui est dans l'assiette et en exécutant la côte elle-même en commençant par le vert foncé, en continuant par le jaune orangé et en terminant par la partie vert clair. On s'exposerait à salir les jaunes si on procédait inversement. Avant de terminer par les grands clairs de la tranche, on peindra les parties molles dans lesquelles se trouvent les grappes de pépins. Ces parties du fruit pourront être très empâtées dans la lumière. Cependant il y a lieu de mettre ces empâtements avec discernement, de ne les poser qu'à une seule place et à l'endroit le plus lumineux. Si on n'observait pas cette règle, on ferait certainement une étude dont l'égalité de facture serait désagréable.

La seconde tranche se peindra comme il vient d'être dit, puis on exécutera le vert et les rugosités des tranches, en commençant toujours par le ton le plus foncé et en terminant par le plus clair.

Pour ces tranches, on a toute liberté dans l'exécution, et il sera facile d'empâter autant qu'on le désirera, quoique, nous le répéterons toujours, cela ne soit pas indispensable, si les valeurs sont très justement observées. Nous ajouterons encore que c'est par le gris qui se trouve dans les tons verts qu'on modèle et colore les verts. Ce gris souvent très fin est indispensable pour l'harmonie de l'ensemble, il faudra l'observer attentivement.

On continuera en peignant la table et ses reflets, ainsi que l'assiette qui sera terminée par le grand clair du bord.

L'étude dans cet état offrira l'aspect d'une chose terminée et on pourra juger de l'ensemble. Presque toujours le fond est à remonter de valeur, car on a commencé trop clair, neuf fois sur dix; s'il est bien du premier coup, il sera inutile d'y retoucher, mais il sera presque nécessaire de le peindre par touches placées à côté l'une de l'autre, comme dans une mosaïque. En le peignant dans un sens déterminé, on n'obtiendrait pas l'air nécessaire qui doit y circuler. Enfin, on terminera en peignant les feuilles et les tiges avec toute liberté d'exécution; il est à remarquer cependant, que ces tiges sont veinées, rayées, dans le sens de la longueur, il ne faudra donc pas les peindre, comme si c'était un poteau télégraphique ou une branche d'arbre à écorce lisse, ainsi qu'il sera expliqué dans la partie qui traitera le paysage; on doit, dans le cas présent, peindre en rayant la tige dans le sens de la longueur et non pas par touches rondes et en perspective.

Les pêches. — Il n'y a pas de fruit qui, de tous temps, ait été peint davantage que les pêches. C'est que ce fruit si beau, si bon, si parfumé, est aussi d'une merveilleuse couleur, et qu'il est tout indiqué pour les panneaux décoratifs comme pour les tableaux de fruits. Tous les peintres en ont fait des études, et nous recommandons aux débutants de ne pas laisser passer la saison sans en peindre quelques-unes.

On devra, comme pour chaque étude dont le modèle peut poser plusieurs jours sans se gâter, dessiner attentivement avant de peindre; le dessin d'une pêche est plus difficile qu'on ne le suppose; quand on commence à apprendre la peinture, on se figure que la pêche n'est qu'une boule plus ou moins ronde et qu'on la dessinera toujours assez bien. C'est une erreur, la pêche a une forme particulière qui n'est ni celle de la pomme, ni celle de l'orange, ni celle d'aucun autre fruit. Elle a des plans très indiqués, des méplats fortement accentués, et tout en paraissant ronde au premier aspect, on s'aperçoit en la dessinant, que ses contours sont très anguleux. C'est en observant bien le caractère de sa forme qu'on en fera un dessin intéressant qui, même mal peint, pourra encore être utile plus tard. Il faut toujours se souvenir que la forme exacte est de première utilité dans les études, mais il arrive souvent qu'en cherchant

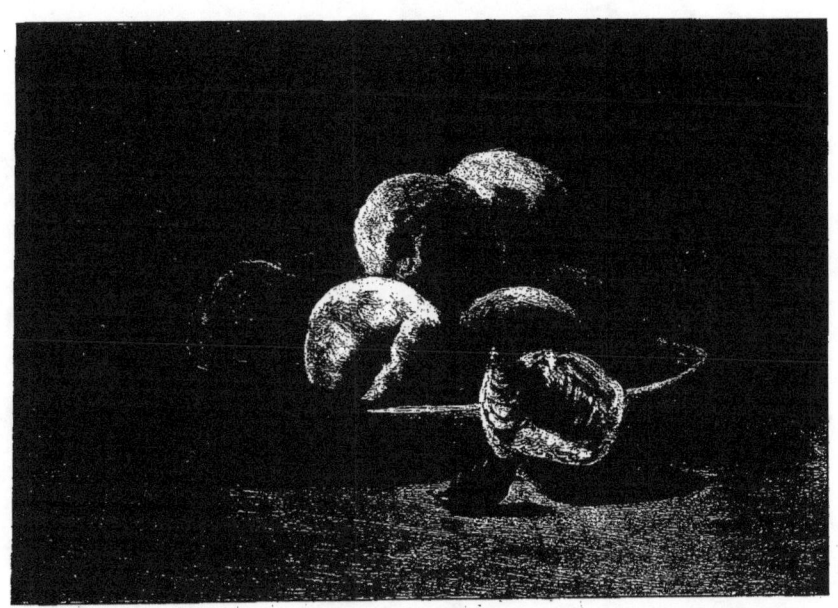

ÉTUDE DE PÊCHES

a couleur, on perd le dessin. Quand on a obtenu le ton et la valeur à peu près justes, il est préférable de ne pas corriger la forme, car on s'expose, en faisant des corrections, à gâter, ce qui est bon le mieux étant l'ennemi du bien. Toutefois, il est indispensable de faire un dessin très poussé en se servant de la plume et de l'encre de Chine ; ce dessin joint à l'étude constituera alors un bon document.

La véritable pêche, dite de Montreuil, est la plus jolie de couleur, on la choisira donc, ou à défaut, on la remplacera par une espèce s'en rapprochant le plus possible.

Manière de peindre les pêches. — La brosse en soie est préférable au pinceau pour l'exécution du ton mat et feutré du duvet de ce fruit. On peut peindre aussi grassement qu'on voudra et employer autant de pâte qu'on le jugera utile à la condition de toujours peindre plus fortement les lumières que les ombres ; si on n'observe pas cette loi, on s'expose à faire *mou*, comme l'a fait si souvent Diaz malgré son incontestable talent de coloriste. Quand Diaz peignait des pêches, il était tellement absorbé par le coloris qu'il le faisait plus beau que nature, si on peut s'exprimer ainsi, et qu'il négligeait à ce point les lois de l'exécution que ses belles colorations n'empêchaient pas son étude de représenter bien mieux des balles de laine, comme celles qui servent de jouet aux enfants dans les appartements, que des pêches dont le contour est toujours ferme, malgré le duvet qui le recouvre.

Il semble tout naturel de disposer la pêche de façon à ce que les taches rouges foncées soient tournées du côté de l'ombre et aident par leur valeur, le peintre qui veut exécuter un tableau ou une étude de pêches, mais quand on a acquis l'expérience que donne quelques années de pratique, on s'amuse à chercher des difficultés, non pour compliquer les recherches, mais pour varier les effets et combattre la monotonie qui résulte forcément d'un sujet aussi simple. C'est alors qu'on s'applique à placer des clairs dans les ombres et des tons foncés dans la lumière pour le plaisir de peindre des valeurs très difficiles à observer. Quand on peint une pêche dont les fortes colorations rouges sont volontairement placées du côté de la lumière, il est bon de se souvenir des théories émises par le baron Gros et par Renard-Brault, le professeur de la Manufacture nationale de Sèvres. Ces théories dont nous avons parlé dans la partie qui traite des Natures mortes, consistent à démontrer que la lumière est égale sur un même plan, ce qui revient à dire que la partie rouge d'une pêche, n'est pas plus foncée que la partie jaune ou vert clair, quand elle est placée dans la lumière ; et que si on ne tient pas compte de cette loi, jamais on ne pourra modeler et faire tourner la forme sphérique de la pêche.

Il est toujours nécessaire de colorer fortement les lumières. C'est pourquoi les parties jaune clair de la pêche doivent être très montées de ton; outre que cela facilitera la tenue de l'ensemble quand on cherchera les tons rouges dans la lumière, cela aura l'avantage de faire faire une étude bien plus jolie de couleur. Regnault, le peintre du *maréchal Prim*, de *Salomé* et d'une *Exécution sommaire à Tanger* avait pour devise : « Haine au gris »; tous les peintres, malgré la mode actuelle, devraient avoir pour devise : Haine au blanc !

Il n'est pas utile d'avoir un dessous préparé en rouge, comme il sera dit pour l'exécution des groseilles à grappes, et surtout des grenades dont le rouge, très vif à l'intérieur, est souvent transparent

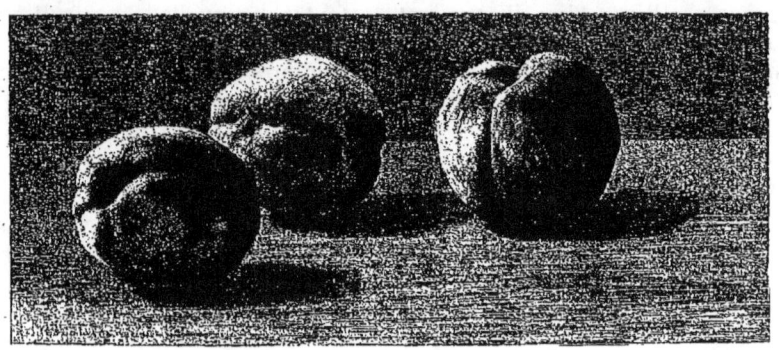

Les pêches.

comme du verre. Le rouge de la pêche est un rouge mat, opaque velouté. Il entre beaucoup de tons composés avec du blanc dans les parties rouges et, comme la transparence n'est pas grande, on a la facilité de peindre sur toutes les préparations et d'obtenir de bons résultats.

La plus grande liberté est acquise à l'élève qui peint des pêches, pourvu qu'il commence par peindre les parties dans l'ombre, qu'il continue par les demi-teintes, les lumières, et termine par les gris du duvet qui semble saupoudrer de sucre cet excellent fruit.

Le raisin noir. — Peindre une grappe de raisin est une étude suffisamment compliquée, si on veut apprendre sérieusement; tant il y a de recherches à faire au point de vue du dessin, de la couleur et de l'enveloppe.

Les commençants, lorsqu'ils sont consciencieux, s'absorbent dans l'exécution de chaque grain et par cela, perdent de vue l'ensemble, pour ne s'occuper que du détail; ils font le contraire de ce qu'il est nécessaire de faire, c'est pourquoi ils n'obtiennent pas un bon résultat.

FRUITS

N'ayant pas une très grande habitude de peindre, on devra placer le modèle aussi loin de soi que la vue le permettra, afin de bien juger l'ensemble, les valeurs et l'enveloppe. Pour l'exécution on se servira de brosses, en ayant soin de bien construire par plans d'ombre et de lumière, sans aucune préoccupation des détails.

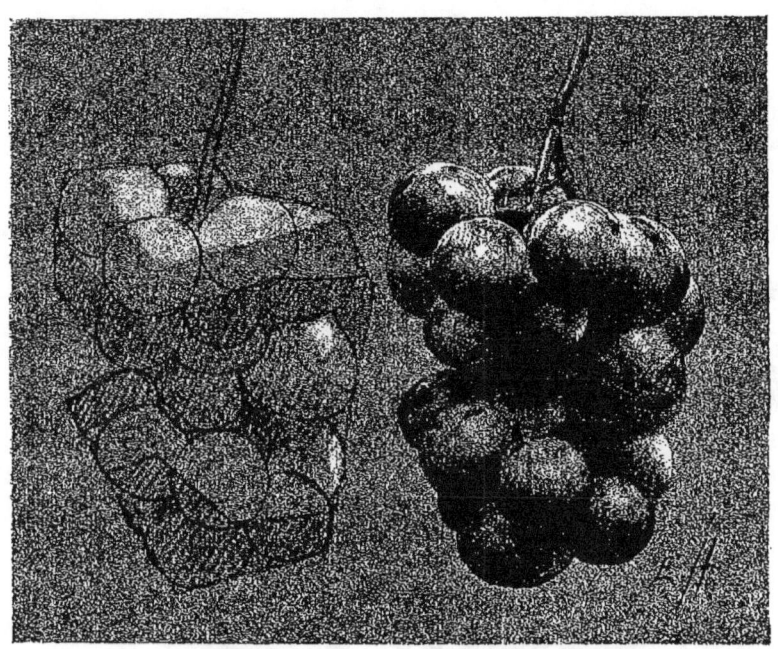

Raisin ébauché.   Raisin terminé.

Lorsqu'on aura ainsi préparé l'ébauche, on se rapprochera de façon à mieux voir les détails et on en exécutera quelques-uns seulement. Si tous les grains étaient précisés également, ce serait affreux à voir. Pour peindre les détails de la râpe qui attache chaque grain, le pinceau de martre est indispensable, de même que pour modeler plus adroitement les principaux grains, le pinceau de martre plat est nécessaire. C'est toujours par la partie bleue de la fleur du raisin qu'on terminera, et la dernière touche doit être posée en peignant la petite lumière qui brille sur le grain aux endroits où la fleur est absente. Les tons ne sont pas très variés dans une grappe de raisin noir, mais il est utile tout de même d'en préparer quelques-uns en faisant la palette, tels que : le violet foncé, le gris bleu et le ton de bois de la râpe. Voir ce qui est dit précédemment au sujet de l'étude des prunes noires; c'est à peu près la même manière d'exécuter : le tissu d'un grain de raisin ayant beaucoup de ressemblance avec celui de la peau lisse et fleurie d'une prune noire ou d'un pruneau.

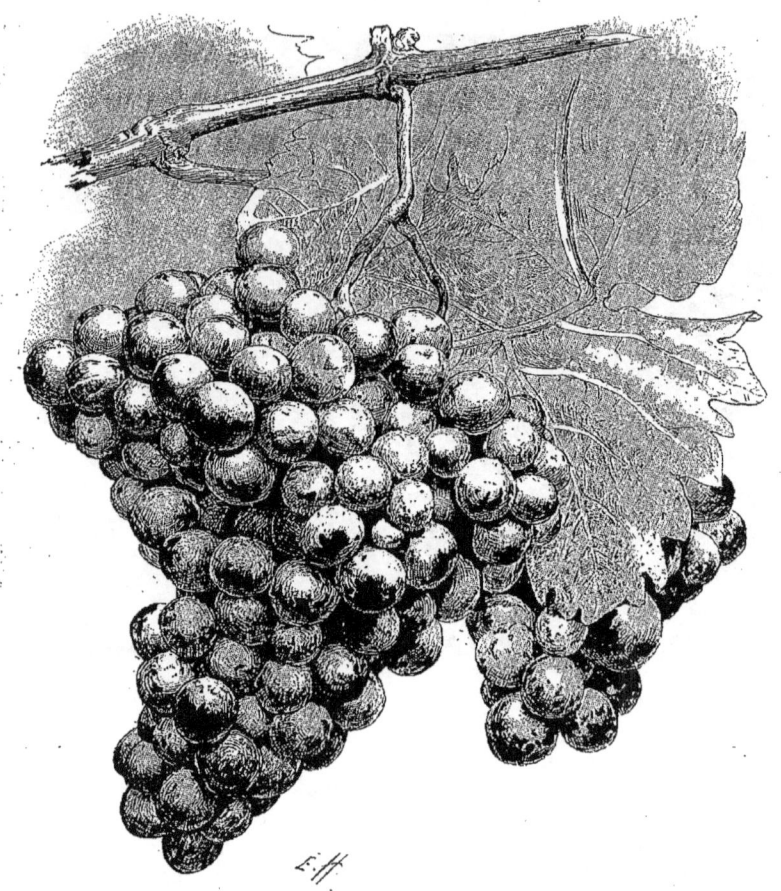

Raisins noirs.

Les anciens peintres, les Flamands et les Hollandais, ont peint supérieurement les raisins noirs, David de Heem les a mieux exécutés qu'on ne l'avait fait avant lui. Parmi les modernes, on peut citer Saint-Jean comme le plus extraordinaire exécutant; il a peint des raisins et des feuilles de vigne rouges, comme on n'en a pas vu depuis. Actuellement, il y a un peintre alsacien de beaucoup de talent qui nous a montré de très beaux tableaux de fleurs et de fruits. Les raisins y sont traités avec un soin et une maîtrise qui attestent le plaisir que cet artiste éprouve à les peindre. Kreyder Alexis aime représenter les grappes dorées du raisin, au point de peindre de grandes toiles uniquement composées de ce fruit.

Les raisins blancs. — Les tons ambrés, les jaunes transparents et la fleur si discrète des raisins blancs, les rendent très difficiles à peindre si l'on veut éviter qu'ils soient lourds ou opaques ou qu'ils ressemblent à des billes de verre. Lorsqu'on fait une étude et qu'il importe peu que l'exécution soit plus ou moins belle, pourvu que le ton et toutes les qualités de forme et d'enveloppe soient observés, on peut peindre sur n'importe quelle préparation ; tout est bon, excepté cependant le panneau apprêté lisse sur lequel l'exécution serait très difficile.

La toile est préférable toujours, et celle qui a été repeinte plusieurs fois est encore meilleure à cause de la facture large qu'elle donne à l'étude. L'égalité monotone que le panneau lisse oblige à mettre malgré soi, doit être évitée autant que possible. Nous dirons dans la partie qui traitera des figures et de la peinture de genre, quels services on peut attendre des panneaux et comment il faut préparer les dessous quand on s'en sert.

Procédé pour peindre les raisins blancs. — L'exécution est donc secondaire dans une étude ainsi que nous venons de le dire, néanmoins s'il convient d'éviter l'égalité de facture dans tout ce que l'on fait, cela est encore plus nécessaire quand on peint des fruits transparents comme les raisins dorés qui nous occupent. Bien que les transparences conduisent généralement le peintre, même débutant, à n'employer la couleur qu'en glacis, pour obtenir cet effet, nous recommandons de mettre très peu de couleur dans les parties qui nous montrent l'intérieur du grain de raisin, et de réserver la pâte pour les parties qui reçoivent la lumière et que la fleur rend opaques. Ces différentes manières de peindre donnent du brio à la facture. Les décorateurs qui sont en général des exécutants fort habiles, ont un procédé pour peindre les raisins, qu'il est bon de connaître, non pour le copier absolument, ce qui serait excessif, mais pour s'en inspirer et s'en servir un peu à l'occasion. Ce procédé consiste à peindre le raisin d'un ton à plat, et à le modeler ensuite en y ajoutant les ombres, les clairs-obscurs et les lumières ainsi que le montre notre dessin.

Exemple : Pour peindre un grain de raisin, on le prépare d'abord d'un ton local jaune, un peu foncé, tirant sur le ton de la terre de Sienne naturelle ; on y ajoute ensuite le clair-obscur qui est un jaune plus clair, placé dans la partie de l'ombre; puis on peint l'ombre portée par le grain s'il repose sur une table ou un objet quelconque; ensuite, on place le ton jaune clair de la lumière et on termine en peignant la fleur bleuâtre qui se trouve sur les raisins qui n'ont pas été touchés. Les lumières, le clair, comme on dit en terme de décorateur, se mettent à sec, c'est-à-dire quand l'ébauche est suffisamment sèche, ou tout au moins quand les dessous, en commençant à sécher, *poissent* ou *sèchent* assez pour que le clair puisse se poser, sans qu'on risque de salir le ton.

Il est incontestable que pour peindre agréablement quoi que ce soit, et particulièrement les fruits qui offrent moins d'intérêt que tout autre genre de peinture, la qualité indispensable, le don qu'il faut avoir reçu

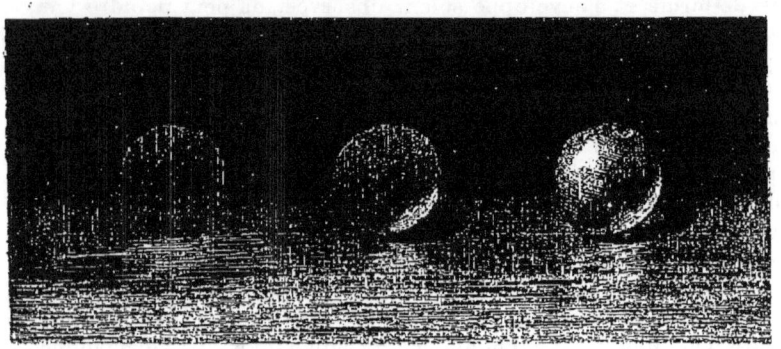

État successif d'un grain de raisin modelé par un décorateur.

de la nature, est, avant tout, celui de coloriste. Mais comment savoir si on est ou si on deviendra coloriste? Chez certains jeunes artistes, ce don se montre dès le début; chez d'autres, il ne se montre qu'après de longues années d'études; on ne peut donc pas prédire à l'avance ce que feront les artistes quand ils débutent et même quand ils en sont encore à chercher leur voie après plusieurs années de pratique, puisque l'étude modifie tout, que les timides s'enhardissent et que les fougueux se calment jusqu'à la timidité. Le peintre Constant Troyon est un exemple frappant de ce que nous avançons, car ses grandes qualités de coloriste ne se sont révélées que lorsqu'il atteignit la quarantaine, qu'il se sentit majeur et laissa enfin son talent prendre tout son essor, quand il fut assez sûr de lui-même pour regarder la nature avec son œil de peintre et de poète, sans se préoccuper de l'orthographe des formes qu'il savait mettre d'instinct. Les études des commençants, nous le répétons, ne peuvent en rien faire préjuger de leur avenir artistique, et nous le prouverons en parlant plus longuement de Troyon, le peintre animalier, quand nous aborderons ce genre. Nous montrerons que de timide qu'il était pendant la plus grande partie de sa vie, il devint, étant en possession de son talent, d'une audace surprenante.

Pour en finir avec la manière de peindre les raisins, il convient de donner quelques conseils utiles pour le cas où on voudrait peindre des panneaux décoratifs, représentant des fruits, des fleurs, des Natures mortes, et, en général, tout ce qui est du domaine de la décoration. Nous en parlerons longuement en expliquant la peinture décorative, mais nous pouvons, en parlant des fruits, donner des indications sur les choses indispensables à connaître.

De la peinture des fruits au point de vue décoratif. — Beaucoup de personnes pensent que, dès qu'on veut peindre un panneau décoratif, soit un dessus de porte, comme il a été de mode autrefois, un trumeau au-dessus d'une glace, ou toute autre peinture décorative, il est nécessaire de faire clair, c'est-à-dire de décolorer en mettant du blanc dans tout. C'est une profonde erreur.

Ce qu'il faut avant tout, c'est connaître la place où sera placée la peinture qu'on va faire. Il est donc facile de se rendre compte qu'une peinture claire, placée dans l'encadrement des tons foncés de toute une pièce, serait aussi discordante qu'une peinture très montée de ton, placée dans une boiserie peinte vert d'eau ou gris clair, comme il était d'usage pour décorer les salons Louis XV et Louis XVI. Le meilleur moyen de procéder pour faire un panneau décoratif *qui se tienne*, c'est de le peindre sur place quand cela est possible, et dans tous les cas il sera toujours indispensable de faire placer le panneau d'une façon provisoire lorsqu'il sera ébauché, afin de s'assurer de ce qu'on devra y ajouter ou y retrancher, et de vérifier s'il n'y a pas lieu de monter ou de baisser le ton de l'ensemble.

Ce sera aussi un grand enseignement pour le peintre qui n'a pas l'habitude de la peinture décorative, car cette répétition générale lui montrera presque toujours que ce qu'il ne considérait que comme une ébauche est déjà beaucoup trop exécuté et peint trop petitement avec des détails inutiles qu'il convient de simplifier. Voici une remarque que nous empruntons à Charles Blanc dans son *Histoire des Peintres* :

« A mesure que l'artiste s'élève aux régions du style et de la décoration monumentale, la touche perd de son importance, mais elle devient une condition essentielle lorsqu'on descend des hauteurs de la fresque au tableau de chevalet, de la grande histoire à l'anecdote sentimentale ou familière. En un mot, il faut se souvenir des Hollandais, si l'on veut réussir dans les petites toiles, etc. »

C'est parfaitement juste. En décoration, il faut s'arrêter à temps; la minutie de l'exécution empêcherait l'effet général qui doit être le but.

On ne devra donc se préoccuper que de la belle ordonnance des lignes de la composition et d'un effet unique, qui mette agréablement en relief la partie principale du panneau décoratif.

Nous pourrions ajouter que la peinture mate fait toujours mieux en place, que la peinture vernie, et qu'il est nécessaire de mater la peinture pour éviter des parties luisantes d'un très vilain effet. On obtient le mat en passant sur le vernis une couche d'encaustique, faite de cire vierge, blanche, fondue à chaud dans de l'essence de térébenthine ; on laisse sécher un jour et on frotte légèrement avec un morceau de flanelle pour obtenir un demi-brillant qui n'obscurcisse pas la peinture.

Les fraises. — Une grande partie de ce qui précède peut s'appliquer à la manière de peindre les fraises. Le procédé est le même pour les

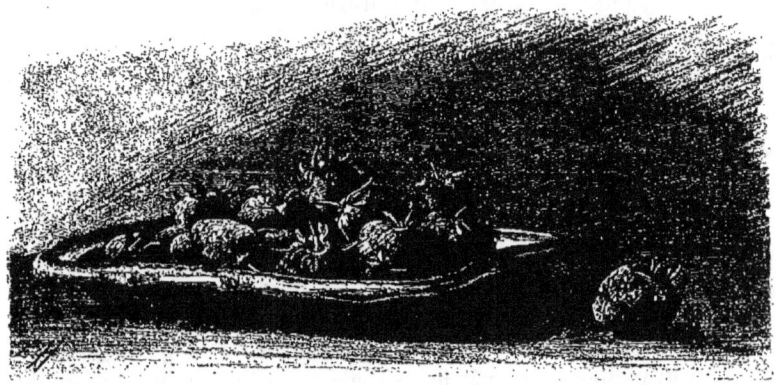

Fraises dans un plat de faïence.

fruits en général, et ne varie que pour ceux qui sont transparents comme les raisins, les groseilles, les grenades, etc.

La fraise qui est d'un ton rouge opaque et grenu, peut se peindre sans un apprêt préalable et sur n'importe quelle préparation pourvu qu'on en observe bien la forme qui est très particulière et qu'on s'applique à bien rendre le tissu de ce fruit pulpeux qui diffère en tout de la cerise et qui doit être peint tout autrement. Il convient de procéder de la manière suivante pour obtenir un bon résultat : prenons pour exemple le dessin que nous donnons ici.

Lorsqu'on a disposé les fraises comme nous l'avons fait, que l'on a dessiné d'une manière qui semble satisfaisante, on met à l'effet tout le groupe de fraises en les ébauchant avec des glacis pour bien indiquer les masses d'ombre et de lumière. Ce glacis se fait avec de la laque ordinaire, du noir et du bleu d'outre-mer pour les fraises dans l'ombre ; pour celles qui sont dans la lumière, on se sert de laque ordinaire, d'ocre rouge et de vermillon. Tous ces tons doivent être liquides et transparents, comme à l'aquarelle, si la toile employée est apprêtée d'un ton clair ou blanc ; si elle était apprêtée d'un ton très foncé, il faudrait ajouter du blanc dans les tons pour peindre lesfraises placées dans la lumière. Quelle que soit la préparation de la toile, il est nécessaire pour cette ébauche de ne pas mettre d'empâtement et d'employer un liquide très siccatif composé d'une partie d'essence de térébenthine et d'une partie de siccatif de Harlem, sans huile de lin, afin que cette ébauche ne gêne pas l'exécution immédiate.

Ce premier travail étant fait, on continue de couvrir la toile en ébauchant le plat, la table et le fond ; si on a bien observé les valeurs, ce simple glacis donnera déjà un effet très agréable.

On commence par peindre les parties dans l'ombre, celles des seconds plans ; elles doivent être moins détaillées que celles du premier plan, ainsi que cela doit être observé dans tous les tableaux d'ailleurs, et on arrive ainsi à concentrer tout l'effet de lumière, toutes les ressources de l'exécution sur un seul groupe et presque sur une seule fraise. On modèle toujours de la même façon en procédant du ton foncé au ton le plus clair, et quand le fruit est suffisamment modelé, on y ajoute les petites parties grenues que l'on empâte à volonté. Les parties luisantes d'un ton gris-violet clair se peignent en finissant. Enfin, on termine en ajoutant les queues et les stipules au menu feuillage d'un si gracieux dessin. Ces petits détails demandent à être bien observés au point de vue du dessin, car ces espèces d'araignées vertes ont une forme très particulière et très importante qu'il ne faut pas négliger ni trop détailler non plus ; il est indispensable de n'en exécuter qu'une ou deux en ne s'occupant des autres que pour leur valeur, leur coloration et leur dessin d'ensemble ; trop d'exécution les ferait sortir de leurs plans, trop de négligence les rendrait désagréables aussi.

Les cerises. — La couleur rouge et la facture lisse des cerises ne s'obtiennent pas très aisément du premier coup sur une préparation claire, attendu que les laques qui la composent en majeure partie, ne sont pas des couleurs couvrantes par elles-mêmes, et qu'on ne peut y ajouter du blanc sans en altérer le ton. Il est donc indispensable de préparer la place où l'on peindra ces tons rouges, en disposant une ébauche soit en vermillon pur, soit en ocre rouge. Quand ce fond est sec, on exécute du premier coup, en ayant soin de mettre beaucoup de siccatif dans le liquide employé, car sans cette précaution les laques mettraient plusieurs mois à sécher. Le pinceau de martre est indispensable pour que la touche soit ferme de dessin et lisse comme est la pulpe de la cerise ; pour obtenir un bon résultat, il ne faut pas employer trop de couleur ; le glacis et la demi-pâte sont indispensables.

Le ton rouge vif des cerises s'accorde avec tout ce qu'on veut pour

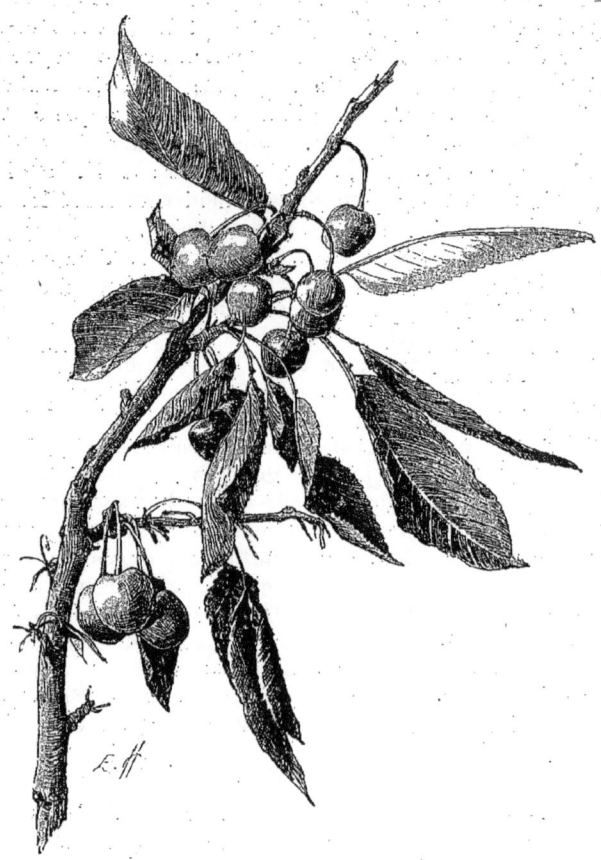

Branche de cerisier.

composer un tableau ; sur une petite toile quelques cerises placées dans une assiette blanche suffisent pour peindre un tableau agréable ; on peut les présenter aussi avec beaucoup d'éclat, accompagnées de leur ton complémentaire, en les plaçant sur une feuille de chou, dont le ton vert gris est très harmonieux. La série des sujets et des compositions de tableaux qu'on peut faire avec ce fruit est inépuisable et peut se déve-

MOTIF DE TABLEAU AVEC CERISES ET NATURES MORTES

FRUITS

…per jusqu'aux plus grandes proportions. En prenant pour thème
« Les confitures de cerises », par exemple, on peut aller depuis le petit
…leau qui représente les objets indispensables à la confection de
délicieux dessert, jus-
…'aux toiles représentant,
…ns les plus vastes compo-
…ions, des intérieurs de
…isine avec des figures de
…andeur naturelle, des Na-
…res mortes, des chaudrons
… cuivre et jusqu'au four-
…au ou à la grande cheminée
… campagne. Dans un autre
…dre d'idée, on peut encore,
… représentant la cueillette
…s cerises, faire entrer dans
… composition, des arbres
…ut entiers avec un paysage,
…s figures, des accessoires
… jusqu'à des animaux de
…andeur naturelle. Le sujet
… prête à toutes les compo-
…tions, il est inépuisable. On
…ut encore, sans aller aussi
…in dans l'importance de la
…mposition, faire de très
…lies choses avec des bran-
…es de cerisiers chargées
… fruits, soit en plein air,
…it à l'atelier, en les faisant
…ser dans des vases. Avec
… l'eau les feuilles conser-
…nt facilement leur fraîcheur
…ndant plusieurs jours, et
…a toutes facilités pour les
…eindre.

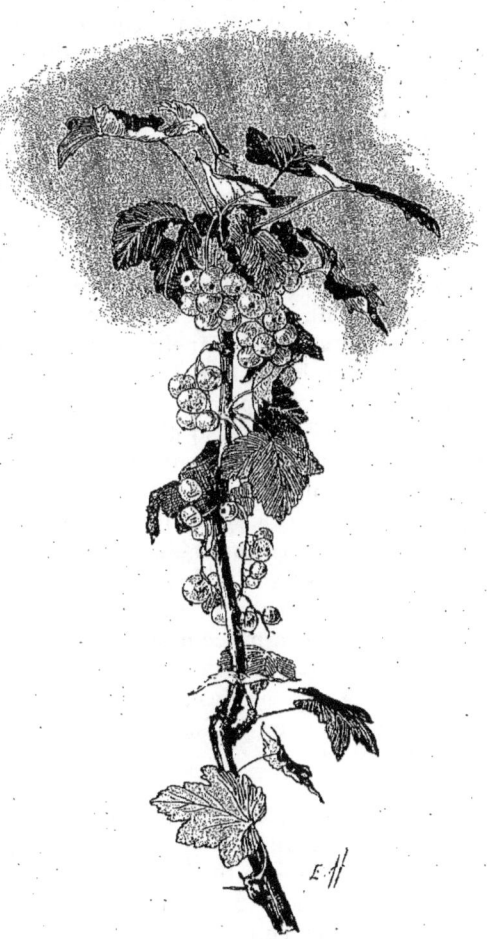

Branche de groseillier.

Les groseilles à grappes.

– Ce genre de fruit se peint comme les précédents, en raison de
… transparence qu'il est nécessaire d'imiter le plus possible. La
…eilleure manière de procéder consiste à ébaucher des dessous en
…une clair pour les groseilles blanches et en vermillon pour les gro-
…illes rouges. Sur une ébauche semblable, on a toutes les facilités

pour peindre du premier coup en se servant de glacis et de pâte, comme on le juge à propos. Lorsqu'on veut peindre un tableau dont le sujet principal est composé d'une ou plusieurs branches blanches ou rouges, il devient indispensable de composer à l'avance le sujet du tableau en ébauchant avec les rouges et les jaunes où seront placés les masses importantes des groseilles et les tons verts des feuillages. Il va de soi qu'on ne devra rien préciser dans cette ébauche, car, malgré toute la mémoire des formes dont le peintre sera doué, il ne pourra prévoir exactement ce que la nature lui montrera quand il la fera poser pour l'exécution définitive. Il faut que le dessous (l'ébauche) lui serve sans le gêner. Il faut aussi qu'il puisse changer à son gré ce qui lui semblera nécessaire de déplacer ou de supprimer. S'il est utile de faire une ébauche, comme il vient d'être dit pour peindre les groseilles, cela est indispensable quand on peint des feuillages. La rapidité avec laquelle les feuilles se fanent, exige qu'elles soient exécutées en quelques heures. Si on employait une toile blanche, il serait impossible, même avec une grande habitude de la peinture, de pouvoir mener à bien un tel travail. Nous terminerons en appelant toute l'attention de l'élève sur la qualité du ton, la forme et la justesse des valeurs, des luisants qui brillent sur les groseilles; cela est de la plus grande importance. Il est très difficile de bien mettre en place et en valeur le luisant de chaque groseille sans déranger l'effet général et détruire les plans; les groseilles placées dans l'ombre sont surtout très peu aisées à peindre de façon à ce que le brillant qui les éclaire ne les fasse pas sortir de l'ombre. Nous conseillerons donc encore, d'éviter le blanc pur, quelle que soit la force de lumière qu'on veuille obtenir, d'abord parce que le blanc, à lui seul, n'est pas lumineux et ensuite, parce que les luisants, peints de cette façon, donneraient un aspect commun à l'ensemble et que les groseilles auraient l'air d'être en verre, comme les fruits artificiels que les modistes placent sur les chapeaux de femmes.

Les oranges. — Si tous les tons entiers sont difficiles à modeler, le ton jaune l'est particulièrement en raison du peu de variété des couleurs mères et de l'extrême facilité avec laquelle il se salit, quand on cherche à varier le ton des ombres. La forme d'une orange n'est pas très pittoresque, surtout dans celles qui ont l'écorce fine. Ces dernières ressemblent à une boule, et le peintre est obligé de choisir ses modèles parmi les espèces communes à écorce rugueuse et à côtes saillantes, pour y trouver une forme plus agréable et des plans de lumière plus intéressants à étudier.

Quand on peut se procurer quelques feuilles ou quelques petites branches d'oranger auxquelles sont attachées des oranges, cela donne plus d'intérêt et facilite la composition qui devient moins banale et plus piltoresque. Ce n'est pas que la beauté de la feuille soit digne d'attirer l'attention du peintre par sa forme ou sa couleur, loin de là, elle est même banale et sèche et se recoquille en peu de temps, ce qui lui donne un aspect métallique et dur; cependant malgré tout elle est utile au peintre pour varier sa composition.

Pour peindre les oranges, on procède de la même façon que celle indiquée précédemment, avec cette différence qu'on peut peindre du pre-

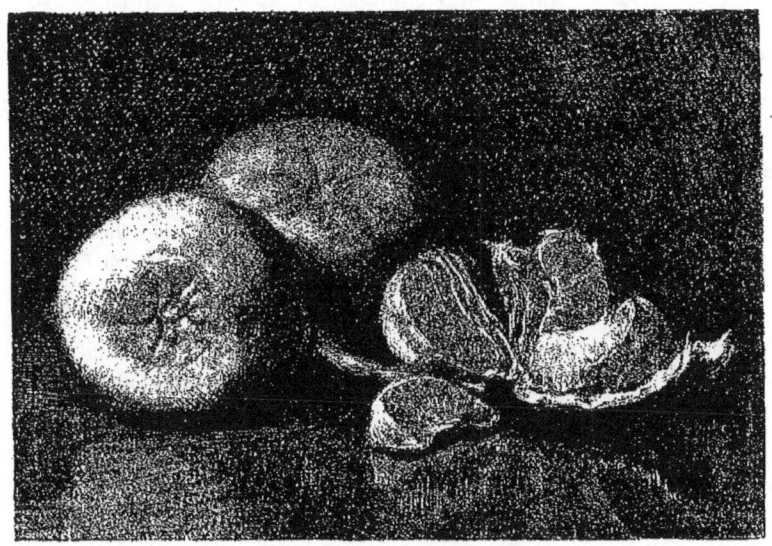

Les oranges.

mier coup sans ébauche préalable. Les tons ne doivent jamais être fondus les uns dans les autres au moyen du *blaireautage;* ce procédé alourdit tout et salit les colorations. Le modelé doit s'obtenir en plaçant les tons par touches ajoutées les unes aux autres et en observant les valeurs. Afin de faciliter l'exécution, on peut composer sur la palette des gammes de tons jaunes de différentes valeurs et peindre avec, en multipliant encore la variété des tons à l'aide des couleurs mères au moment où l'on exécute. Les luisants doivent être mis en dernier lieu, en les *peignant* discrètement pour ne pas donner aux oranges l'aspect luisant des pommes. On remarquera que ces luisants sont généralement d'un ton blanc tirant sur le rouge violet qui est complémentaire. Les feuillages et les branches termineront l'étude, on aura soin de conserver aux feuilles l'aspect sec qui les caractérise, cela donne aux oranges une facture qui, sans être molle, semble par opposition appropriée au tissu de ce fruit.

Les oranges dites mandarines, sont aussi très agréables à peindre et ont souvent des formes très intéressantes à dessiner. Placées à côté de tons violets qui sont complémentaires, elles s'harmonisent admirablement; mandarines et violettes de Parme font un ensemble dont on ne se lassera jamais de faire des études. Il est aussi très amusant de peindre une orange ouverte, c'est pour un artiste une agréable distraction qui lui permet de montrer toute sa virtuosité, et nous ne saurions trop engager les débutants en quête de sujets d'études à essayer de surmonter cette difficulté.

Le dessin d'une orange ouverte demande une grande justesse de forme, autrement il ne serait pas intéressant. Quand on a bien arrêté la forme par un trait au pinceau, on commence à peindre les parties jaunes de chaque tranche, en s'efforçant de bien en accuser le caractère de mollesse et de transparence; les parties blanches se peignent ensuite. On ne doit mettre des empâtements que pour accuser la rugosité de l'écorce ou accentuer la fermeté et l'épaisseur du blanc qui est à l'intérieur. Quand on fait une étude d'orange ouverte et qu'il n'entre pas d'autres éléments dans la composition, on rend l'aspect de l'étude plus agréable en faisant poser l'orange sur une table ou sur un marbre poli où se reflètent les tons. Les oranges enveloppées de papier de soie très transparent sont aussi de charmantes études à faire.

Les grenades. — Après avoir composé l'arrangement des grenades, il faut procéder comme pour toutes les études par un dessin très étudié où les parties d'ombres et de lumières soient nettement indiquées. Il faut se préoccuper de l'effet d'ensemble en observant la valeur de chaque chose, et l'étude, à quelque moment qu'on la regarde, doit toujours montrer l'effet qu'on veut obtenir. Si on ne fait que dessiner au fusain avec l'intention de peindre ensuite, il est aussi nécessaire que l'effet soit obtenu avec le fusain. Lorsqu'on dessine avec le pinceau et un ton unique sans se préoccuper encore de la couleur, il faut obtenir l'effet comme avec le fusain. Pour nous résumer, ne jamais dessiner avec un trait seulement, car on s'exposerait à de graves erreurs de proportions.

Règle générale, il faut toujours dessiner avec des valeurs; les proportions sont plus justes, parce qu'on se rend compte immédiatement si les masses d'ombres et de lumières peuvent se loger dans le volume qu'on a donné aux objets.

Pour peindre du coup en pochade, il faut prendre une toile ou un panneau préparé d'un ton un peu foncé. (Les apprêts en blanc ou en gris clair, voire même en jaune, dont sont préparées les toiles qu'on trouve dans le commerce, ne peuvent servir efficacement, si on veut terminer du coup, c'est-à-dire faire une pochade.) Nous répéterons ce qui a été dit pour les cerises et les groseilles, c'est que, les tons rouges n'étant pas des couleurs couvrantes, ces couleurs laissent voir le dessous par transparence, et de rouge vif qu'on les voit sur la palette, elles deviennent, étant appliquées, rouge sombre ou violacé, ce qui enlève tout éclat et fausse le ton. Il est donc nécessaire de préparer par une ébauche en vermillon pur, la place où l'on peindra l'intérieur d'une grenade ouverte, ainsi que les grains rouges détachés qu'on ne manquera pas d'éparpiller sur la table. Le moyen le plus pratique pour

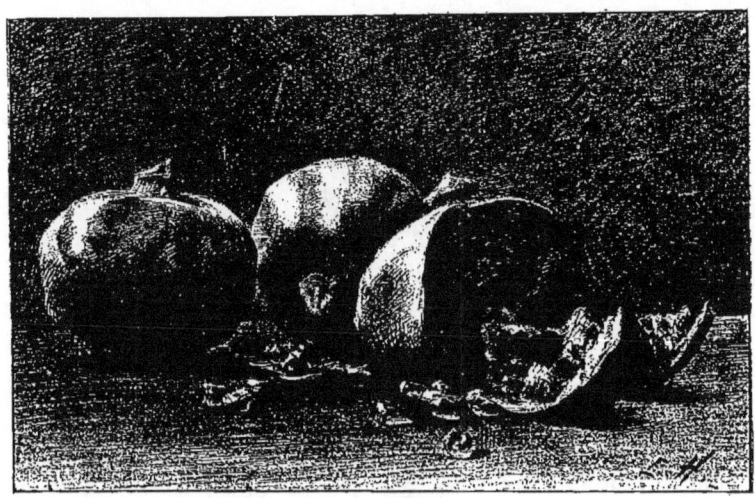

Les grenades.

peindre les grenades qui se conservent facilement quelques jours, c'est de composer son étude à l'aide de la nature que l'on fait poser. On imagine, en regardant la grenade entière, ce qu'elle sera étant ouverte, et on ébauche de mémoire sans préciser aucun contour; ces parties doivent être peintes avec peu de couleurs, en employant beaucoup de siccatif pour faire sécher le vermillon en un jour ou deux. Quand cette ébauche est suffisamment sèche, on ouvre la grenade et l'on peint les grains rouges en employant des glacis de laque à volonté et toutes les couleurs transparentes dont la palette est munie. On étudie chaque grain attentivement, en observant les ombres, les reflets, les ombres portées et le clair si brillant de chacun. Il est à remarquer que ces grains brillent plus ou moins selon leurs plans et que ces brillants ont une forme arrêtée et distincte, particulière à chaque grain ; enfin que la forme et la perspective varient aussi dans les grains détachés et font qu'il n'y en a pas deux semblables.

Il est urgent de bien observer ces recommandations pour ne pas s'exposer à une égalité de ton et de dessin, qui donne aux études un aspect si commun quand on ne sait pas l'éviter.

Les pommes. — Que de tableaux on peut faire avec ces fruits, depuis la simple pomme placée sur une table et reflétant ses tons rouges si brillants dans le poli du bois ou dans le métal des objets qui les contiennent, depuis les groupes de pommes, les paniers pleins,

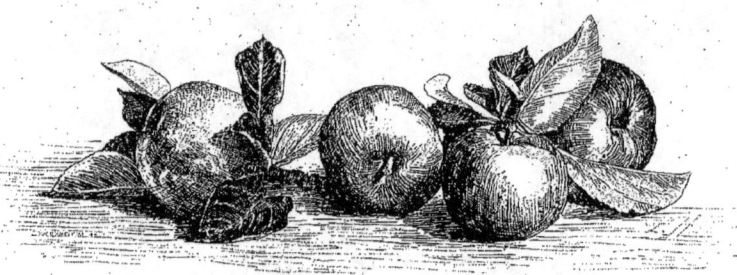

Branche de pommier.

les branches, jusqu'aux arbres entiers. Il y a mille sujets pour composer des tableaux avec ces beaux fruits. Prises séparément et à ne considérer la pomme que pour elle-même quand on veut la peindre, c'est un sujet d'étude fort divertissant et plus difficile qu'on ne pense. Nous conseillons de peindre souvent ce fruit, les pommes rouges principalement.

Tous les apprêts sont utilisables ; le rouge de la pomme n'étant pas transparent, on peut le peindre sur tous les fonds, mais, ainsi que nous l'avons dit déjà, les apprêts d'un ton neutre un peu foncé, sont toujours préférables quand on veut peindre et terminer du premier coup. Comme ces fruits se conservent fort longtemps, il sera toujours préférable de prendre une toile préparée avec un ton clair ou blanc, et de procéder par un bon dessin et une ébauche. (Voir ce qui a été dit pour peindre les pêches.)

Le luisant doit être l'objet d'une attention toute spéciale, car c'est lui qui modèle et fait tourner ; on devra donc l'observer sérieusement et s'attacher à le peindre de façon qu'il fasse bien corps avec le tout. Pour obtenir ce résultat, il faut que le luisant ou brillant soit préparé par de petites touches rayonnantes, dans le milieu desquelles on pose

POMMES DANS UN PLAT D'ÉTAIN

plus grand clair, en évitant que le pinceau ne laisse une épaisseur qui arrêterait le bord de la touche et l'empêcherait de se fondre avec le reste. Rien n'est plus désagréable à voir qu'un luisant placé d'un seul coup et peint avec empâtement, cela ressemble à un objet placé sur la même mais n'en faisant pas partie. On peut cependant employer ce moyen quand on peint en décoration et que le panneau doit être vu à une grande distance.

LÉGUMES

Les légumes. — Dans la plupart des tableaux représentant des intérieurs de cuisine, les légumes ont toujours un rôle important, et les peintres anciens composaient des intérieurs où les légumes et les fruits avaient la place principale, formant à eux seuls le sujet du tableau. S'ils croyaient devoir y mettre des figures ou des animaux, cela n'était que secondaire, c'était pour les légumes qu'ils faisaient le tableau. Il y a peu de peintres actuellement qui soient assez séduits par la couleur et le pittoresque des légumes pour en faire uniquement des sujets de tableaux, et on peut dire qu'il est fort rare de voir dans les expositions, des sujets de ce genre qui soient bien impressionnants. Cela tient à beaucoup de raisons qu'il n'y a pas lieu de développer ici; cependant, on peut imaginer qu'une des raisons principales de cette abstention, est que ce genre de tableau n'est pas à la mode et que les artistes trouveraient bien peu le placement de telles œuvres, d'autant plus que c'est un genre assez difficile à traiter dans de petites proportions si on veut chercher des compositions nouvelles et intéressantes.

Les véritables amateurs de peinture ne s'occupent pas du sujet d'un tableau; ce qu'ils recherchent avant tout, c'est la qualité. On peut donc leur faire acheter toutes les œuvres quand elles sont bonnes, et peindre tout ce qu'on voudra pour eux, mais les amateurs sont de plus en plus rares, ceux qui s'y connaissent bien entendu. Pour les autres, qui sont si nombreux, le sujet d'un tableau est la chose la plus importante, et vous ne verriez pas la plupart des gens qui se piquent d'avoir des connaissances en peinture et un bon goût certain, mettre dans un salon un tableau qui représenterait un intérieur de cuisine. Ce genre-là est voué, de parti pris, à orner la salle à manger, et étant donné les constructions actuelles, chacun sait que ces pièces ne peuvent recevoir que de très petites toiles. Malgré toutes ces raisons, les artistes trouvent encore et trouveront toujours du nouveau dans le choix des sujets. Il se fait des tableaux superbes avec fort peu de chose. Quelques pommes de terre et beaucoup de talent suffisent, c'est ce que nous a montré Achille Cesbron, il y a quelques années, avec une toile qui fit sensation au Salon

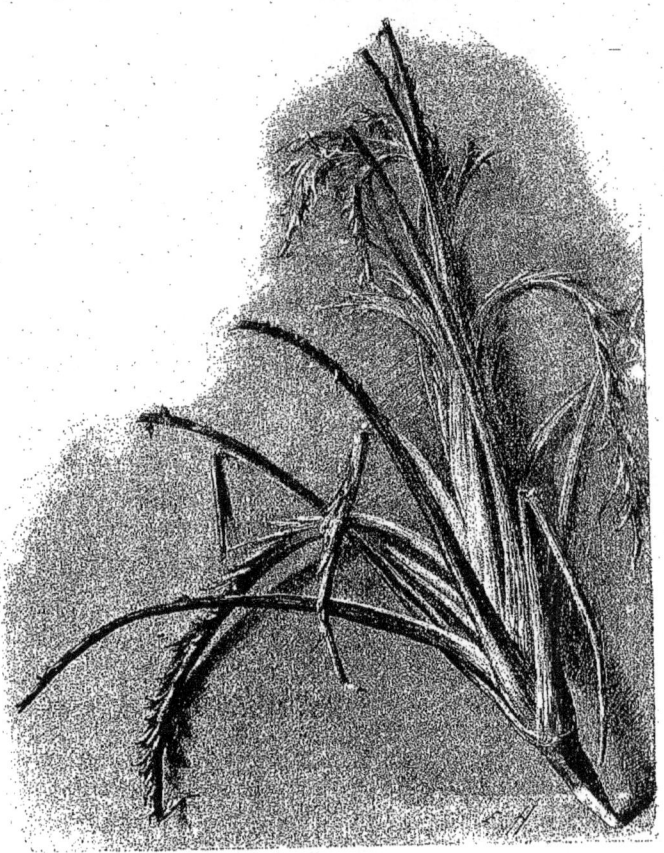

Le cardon.

des Champs-Élysées. C'était un tout petit tableau cependant, mais l'artiste « *l'avait fait petit pour le faire avec soin* », et quel sujet? un plat de pommes de terre cuites à l'eau et sortant de la marmite, voilà tout; la peinture en était ravissante, les pommes de terre dont la peau était cassée par la cuisson, laissaient voir une chair si farineuse qu'on croyait voir la réalité. La buée qu'elles dégageaient, les enveloppait et donnait à l'ensemble un aspect clair et simple du meilleur effet; on ne peut mieux peindre, ni mettre plus d'art dans quoi que ce soit. Cesbron l'a prouvé une fois de plus : tout peut se peindre et fournir le prétexte d'une œuvre d'art, même le légume le plus humble, comme la pomme de terre.

Puisque nous sommes amené à parler de ce tubercule, nous ajouterons qu'il peut fournir un nombre infini de sujets de tableaux. Il y a d'abord la plante qui est elle-même très belle et dont la fleur d'un blanc rose produit un effet charmant. Dans un ensemble, sur les premiers plans d'un tableau de paysage, elles font des motifs de fleurs qui se pré-

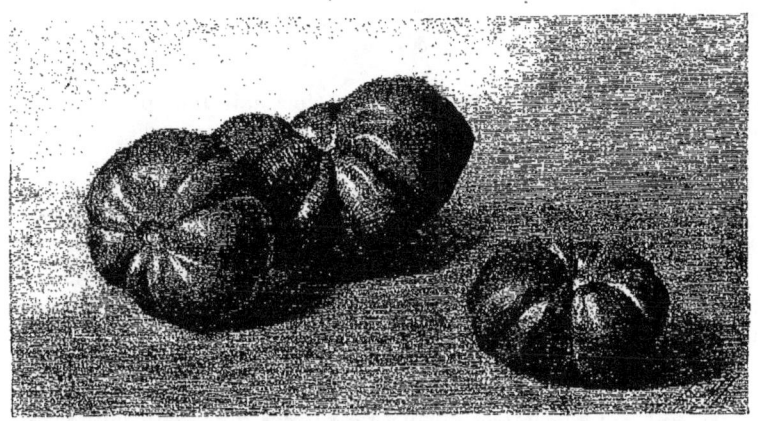

Les tomates.

tent à une exécution aussi soignée qu'on le désire, et la perspective d'un champ de pommes de terre en fleur est tout ce qu'il y a de plus harmonieux. La parmentière, comme on la nomme aussi, est encore très intéressante à peindre quand elle est rôtie dans les cendres et peut fournir matière à d'habiles interprétations, où les ustensiles de cuisine les plus pittoresques peuvent être placés.

Il y a, on le voit, un très grand choix de motifs de tableaux à peindre avec cet humble sujet, si on veut se donner la peine d'y réfléchir, et chacun sait quelle vénération avait notre grand peintre François Millet pour ce tubercule, puisqu'il a dit : « Qui donc pourrait prétendre qu'une pomme de terre est inférieure à une orange. »

Les tomates. — Les pommes d'amour et les tomates sont aussi de très intéressantes études à peindre. Ces fruits, par eux-mêmes, sont très jolis de couleur et de formes particulières. Ils ont des côtes arrondies en forme de godrons qui sont luisantes et fermes ; la lumière s'accroche au tissu poli de leur enveloppe et en fait un objet très amusant à étudier. Le ton rouge de ces fruits est aussi très particulier et fait une note fort agréable dans un ensemble de légumes et de salades.

Ce qui a été dit plus haut, en parlant des cerises et des pommes rouges, s'applique, comme moyens d'exécution, aux tomates, nous ne le répéterons pas. Cependant, il est peut-être bon d'ajouter qu'il faut terminer l'étude d'une tomate en peignant les petites feuilles vertes, sortes de stipules qui entourent la queue des tomates comme celles des fraises. Il est inutile d'ajouter que ce fruit doit être peint largement et sans épaisseur de couleur, puisque sa surface est lisse, polie et satinée, comme celle de la cerise.

Le céleri et le cardon. — Bien que le céleri soit une plante, nous le rangeons ici parmi les légumes ainsi que le cardon, et nous le recommandons comme une étude des plus intéressantes à faire au point de vue de la forme et de la couleur. Céleri ou cardon, tous les deux, ont un air de famille, avec la différence que le cardon est beaucoup plus grand et doit être préféré dans les grandes compositions où ses rameaux permettent des arrangements pittoresques. Le cardon est surtout à employer quand dans une composition on a trop de vides ou trop d'objets de formes rondes. En écartant les branches et même en les cassant si cela est nécessaire, on a la facilité de trouver des arrangements très pittoresques.

Le céleri cuit est aussi très fin de ton; il est d'un gris jaune qui permet des recherches fort captivantes pour un œil délicat. La forme, à la fois molle et ferme, demande un dessin, une facture et une enveloppe qui sont les plus amusantes difficultés qu'un artiste puisse se proposer de surmonter.

Le potiron. — Placées dans un ensemble, la forme et la couleur d'une tranche de potiron peuvent faire le meilleur effet. On peut lui opposer toutes sortes de nuances comme fond, depuis le noir d'une cheminée jusqu'au blanc d'un torchon ou même le bleu pâle d'un tablier de cuisine, et l'on trouve encore des tons complémentaires pour l'harmoniser avec des aubergines et des navets violets. Ce genre de courges est aussi très agréable à peindre en entier, qu'il soit ouvert ou non; il fournit prétexte à des arrangements de Natures mortes qui peuvent se développer jusqu'aux plus grandes proportions. La couleur orangé jaune du potiron présente quantité de nuances, et les côtes extérieures parfois d'un jaune luisant sont très difficiles à exécuter; c'est la raison pour laquelle les artistes en peignent souvent. *Antoine Vollon* en a exposé qui sont exécutés d'une façon prodigieuse. Les potirons en plein air avec leurs feuilles amples et veloutées, leurs tiges si capricieusement étendues et leurs fleurs colossales d'un jaune orangé, sont aussi des premiers plans qu'un paysagiste trouvera à utiliser.

Les choux. — Dans l'arrangement d'une Nature morte ou parmi les légumes les plus divers, la silhouette et la belle couleur vert-bleu du chou en font un auxiliaire important dont il convient d'user. Le ton tout particulier de sa verdure le désigne aussi au peintre pour rompre la monotonie des autres verts qu'il relie et harmonise. On peut trouver quantité de motifs de tableaux avec les choux, depuis le chou tout seul placé sur une table de cuisine jusqu'au champ de choux tout entier. En effet, que faut-il de plus à un peintre habile lorsqu'il a devant lui un chou placé sur une table avec un torchon blanc si le tout est bien

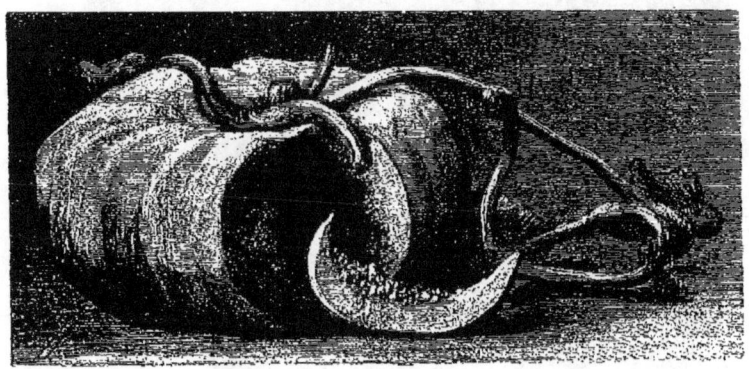

Le potiron ouvert.

éclairé ; si l'on veut y ajouter la belle note que donnera un chaudron de cuivre jaune ou rouge, on aura les éléments suffisants d'un chef-d'œuvre.

Si cette étude tente le jeune artiste, nous lui ferons les recommandations suivantes pour lui éviter des mécomptes : Placez le chaudron de trois quarts, il sera d'un aspect plus agréable ; placez ensuite le torchon et le chou bien au centre ; disposez enfin des draperies qui portent ombre, de façon que ce soit le chou qui reçoive toute la lumière, puisque c'est lui qui va tenir le rôle principal. Procédez par un dessin très exact pour le chaudron, le torchon, la table, et enfin pour tous les accessoires que vous voudrez peindre dans cette composition, sauf pour le chou. Si on veut, en effet, peindre une telle étude de grandeur naturelle, cela obligera à se servir d'une toile de trente ou de quarante, et le dessin à lui seul occupera plusieurs séances; l'ébauche demandera ensuite un temps au moins égal; de plus, il faudra attendre que l'ébauche soit suffisamment sèche pour qu'on puisse la terminer. Tout cela prendra quelques jours, et pendant ce temps le chou se fanera, les feuilles s'affais-

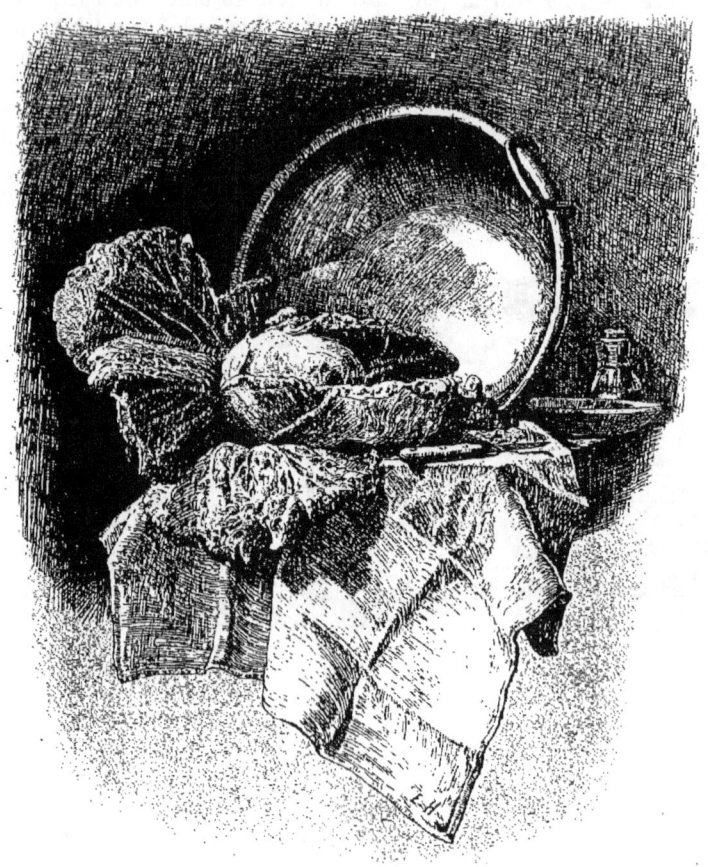

Natures mortes avec un chou.

seront et perdront leurs premières formes en même temps que les tons si beaux qui en avaient motivé l'étude. On emploierait donc mal son temps en préparant une chose qu'on ne pourrait continuer. C'est pour cela que dans l'ébauche le chou doit être indiqué vaguement sans formes, ni tons précis.

Quand on veut terminer, on se sert d'un autre chou bien fraîchement coupé, on le pose à la place du premier, on le dessine et on le peint du premier coup. Pour faciliter l'exécution, il faudra toujours préparer des gammes de tons verts en les composant avec l'idée de raccorder le plus possible ceux que la nature offrira; ces tons ainsi préparés sur la palette, faciliteront la recherche des colorations justes et aideront à la rapidité de l'exécution.

Les choux en plein air. — Nous ne dirons ici que quelques mots concernant les choux en plein air, considérés comme Natures mortes.

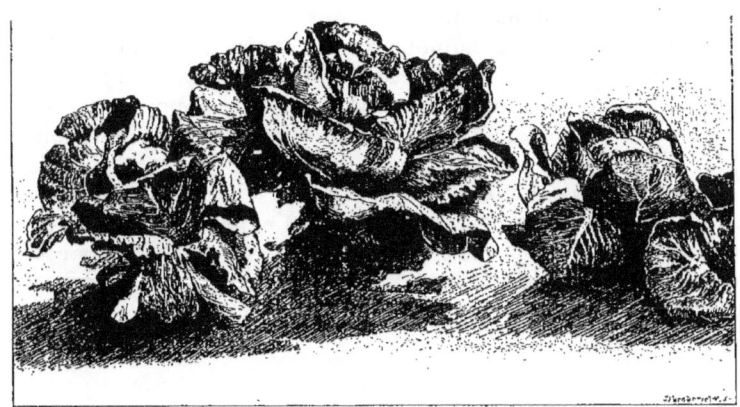

Les choux en plein air.

Le champ de choux, faisant comme tous les champs, partie intégrante du paysage, il sera facile de trouver dans la quatrième partie de cet ouvrage, tous les renseignements désirables.

Le ton particulier des feuilles de choux en plein air est réellement très attirant pour un chercheur qui ne voit avant tout, dans la nature de ces verts-bleus, qu'un prétexte à colorations fines, sans se soucier autrement du choix du motif, choix qui peut néanmoins faire un tableau intéressant si la peinture est d'un artiste.

Pour augmenter l'intérêt de cette étude, nous conseillons de prendre plusieurs choux et de disposer, s'il est nécessaire, des objets quelconques, planches ou paillassons, pour obtenir des ombres et varier ainsi l'effet et les tons. Le contraste des feuilles luisantes vues au soleil, par transparence ou dans l'ombre portée d'un objet, sera aussi très utile pour enlever la monotonie qui résulterait d'un ensemble de choux vus dans l'ombre.

Les procédés d'exécution restent les mêmes, nous ne les répéterons pas. Ce qu'il est important d'observer ici, ce sont les colorations, l'air qui enveloppe et noie les contours et les valeurs. On remarquera combien l'influence des tons du ciel agit sur la tonalité générale d'un premier plan. Combien la différence est grande entre un premier plan, comme celui qui nous occupe, quand il est vu sous un ciel bleu ou quand, malgré un soleil très vif, ce même plan est vu sous un ciel gris lumineux. Il faut se pénétrer de la vérité de cette théorie enseignée par le célèbre paysagiste Jules Dupré : « Les tons du ciel doivent se refléter sur les premiers plans. » C'est par ces rappels de tons sur les premiers plans qu'on harmonise, qu'on relie l'ensemble, c'est ce qui justifie aussi cette autre théorie qu'on doit toujours avoir présente à la mémoire : « Il y a de tout dans tout. »

C'est à dessein que nous terminons avec l'étude des choux; elle nous sert à préparer les commençants à la lecture des conseils que nous allons donner à la quatrième partie sur le paysage, et nous ajouterons que l'étude des Natures mortes, des fleurs, des fruits, des légumes, sont indispensables à tous les peintres, quel que soit le genre auquel ils désirent se livrer exclusivement. Ces études faites à l'atelier, ou par les jours de mauvais temps où on ne peut sortir, sont expressément recommandées en plein air, c'est par elles qu'on se prépare à tous les genres. Les Natures mortes en plein air sont, pour le paysagiste, ce que sont les gammes pour un musicien.

GIBIER

Le gibier. — Bien que notre intention ne soit pas de donner à ce genre une étendue très grande, nous ne pouvions terminer cette partie sans donner quelques conseils sur la manière de peindre le gibier, puisque ce genre d'étude sert d'école au peintre animalier pour ses premiers principes et que nous y consacrerons une partie tout entière, ayant pour titre « Les Animaux ». Le gros gibier, tels que le cerf, le daim, le sanglier, le chevreuil, le chamois, etc., considéré comme une Nature morte n'implique pas absolument des connaissances très étendues en anatomie de la part du peintre qui s'y consacre. La nature lui montrant dans le gibier inanimé tout ce qu'il a besoin de copier, il suffira qu'il dessine correctement pour que l'animal soit passablement construit. Toutefois ces connaissances sont utiles et elles deviennent indispensables si on veut peindre les animaux vivants.

Les peintres de Natures mortes sont le plus souvent ceux qui s'intéressent à la représentation du gibier dans leurs tableaux, parce qu'ils y trouvent le prétexte à des compositions variées. C'est ainsi que le grand peintre Chardin nous montre, au musée du Louvre, un lapin mort suspendu à un clou, avec une poire à poudre et une gibecière. Ce tableau, agencé supérieurement, comme tout ce que composait le célèbre peintre, serait un enseignement précieux à consulter pour les jeunes artistes; ils y apprendraient surtout à voir simplement ce qui est la suprême difficulté à vaincre.

Les peintres anciens se sont plu à peindre des toiles très importantes, représentant des intérieurs de cuisine après un retour de chasse. Quelques-uns de ces tableaux, composés avec des quantités de gibier, semblent surtout n'avoir été peints que pour le plaisir d'exécuter le poil ou la plume, sans se soucier de la composition, une pièce était ajoutée à côté d'une autre, jusqu'à ce que la toile n'en puisse plus contenir; c'est ce que fit le peintre flamand, François Sneyders, dans son tableau connu sous le titre de : « *Le marchand de gibier.* »

Parmi les modernes de l'École française, on peut considérer Courbet comme un maître de premier ordre dans tous les genres de peinture; dans celui du gibier et des animaux en général on peut dire qu'il a excellé. Les peintres de notre génération se souviendront toujours des superbes toiles que Courbet exposa vers 1867, et principalement de celle qu'il a intitulée : « *Chevrette forcée à la neige* », où l'on voit le pauvre animal, tombé, mort de fatigue, tandis que dans le fond, des chiens de chasse apparaissent à la poursuite de leur victime.

Dans un autre tableau, non moins célèbre, que le peintre Franc-Comtois a désigné sous ce titre : « *La curée* », on voit sur le premier plan d'un paysage qui représente une forêt, un chevreuil de grandeur naturelle pendu à un arbre, et, plus loin, les gardes-chasse qui sonnent la curée. Tout, dans cette toile, se trouve peint supérieurement, mais le chevreuil est, à lui seul, un chef-d'œuvre.

Il est certain, comme nous le disions au commencement de ce chapitre, que les peintres de gibier sont le plus souvent ceux qui peignent les Natures mortes, mais combien les peintres animaliers leur sont supérieurs quand ils se livrent à ce genre d'étude qui n'est, en réalité, qu'une variété de leur spécialité.

Les débutants qui ne comprennent pas encore l'art qu'on peut mettre dans la reproduction des choses les plus simples, ne voyant la nature que par son petit côté, s'imaginent que le comble de la perfection serait de peindre tous les poils d'un animal, chevreuil, lièvre ou lapin, et se désespèrent de ne pouvoir y réussir. Il y en a même qui demandent à des moyens plus ou moins ingénieux de leur venir en aide ou qui s'efforcent d'imiter naïvement la toison d'un animal, en peignant des quantités de poils un par un, comme l'ont fait certains primitifs, tels que Quentin Matsys, né en 1460, mort en 1531, qui peignit dans le panneau du milieu d'un triptyque célèbre : « *L'ensevelissement du Christ* », un Christ de grandeur naturelle, sur les jambes duquel il imita des poils un à un. Ce triptyque fait partie du musée d'Anvers, où il compte, avec raison, parmi les meilleures œuvres et les plus curieuses des maîtres primitifs.

Moyen d'exécution pour peindre le gibier. — Ce qu'il est indispensable d'obtenir, avant tout, c'est la justesse des valeurs quand on peint le gibier. Cette observation qu'on peut d'ailleurs faire à tous les genres de la peinture, est ici d'une importance plus grande encore, s'il est permis de s'exprimer ainsi, c'est-à-dire que le peintre doit surtout s'appliquer à rechercher les valeurs jusque dans les subdivisions des masses et des plans formés par le poil de la bête qu'il veut peindre. Il ne doit se permettre que très peu de détails, et encore ces détails dans leur valeur doivent-ils être tellement subordonnés à l'ensemble de la masse qu'ils occupent, que le peintre, soucieux des règles immuables de son art, se verra presque toujours obligé de les simplifier et souvent de les supprimer pour le bien de l'ensemble.

Comme moyen d'exécution, nous conseillons l'emploi de la brosse plate, un peu longue de soie et peu fournie. Elle donne une touche simple et molle qui convient parfaitement pour l'imitation du poil peint par masse. On peut aussi, pour varier la facture dans les parties les plus importantes, se servir d'une autre brosse plate un peu longue et surtout très dure, comme le serait celle qui aurait été lavée anciennement avec de l'essence de térébenthine et qui aurait durci. Il suffit quelquefois de rayer la pâte déjà posée en se servant d'une brosse dure pour redonner à la facture un brio que l'emploi unique d'une brosse molle rendrait égale et monotone.

Pour peindre un lapin de garenne comme celui que montre notre dessin, on devra, après en avoir dessiné la forme le plus exactement possible, commencer à peindre les parties les plus foncées, telles que le dos et modeler d'abord le train de derrière de la bête, les pattes et la queue. Puis l'étude sera continuée par le poitrail et les pattes de devant. L'exécution des pattes se fera ainsi : Après avoir peint très légèrement les tons de la table (en demi-pâte) et placé l'ombre portée vigoureuse qui se trouve sous les pattes, on continuera par la demi-teinte grise et les parties jaune clair ou fauves. Les parties claires et blanches posées en dernier lieu achèveront de modeler le tout. Pour terminer l'étude, on peindra la tête, et c'est dans cette partie seulement que l'on pourra chercher quelques détails dans l'œil et le nez, principalement, avec la liberté de rayer la pâte dans certaines parties au moyen de la brosse dure, comme il est dit plus haut. On peut encore, après avoir peint la table, ajouter quelques grands poils pour imiter ceux du nez de l'animal, en se servant d'un pinceau à filet. Ces détails ne doivent être mis que pour un morceau de tout premier plan comme celui qui nous occupe, et encore doivent-ils être très sobres et très étudiés comme tons et comme valeurs. Il est à remarquer que chaque poil a un ton particulier et une valeur différente quoiqu'ils paraissent, au premier aspect, être tous d'un blanc uniforme. En cela comme en toutes choses,

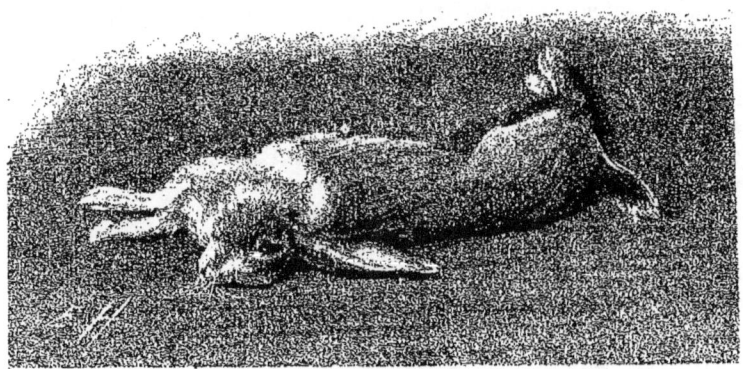

Le lapin de garenne.

la variété des tons et de l'exécution donnent de l'agrément à la peinture; elles empêchent la monotonie et concourent à la distinction d'un ensemble.

Lorsqu'on saura peindre le petit gibier, lapins, lièvres, renards, etc., il ne sera plus difficile de peindre un chevreuil ou un sanglier mort, et tout ce que nous pourrions ajouter ne serait que des redites, puisque la manière de peindre reste toujours la même. La manière de disposer le gibier pour composer un tableau, est exactement conforme à ce qui a été dit à la partie qui traite des Natures mortes. Le bon goût doit être le principal guide. On pourra néanmoins trouver des conseils utiles en consultant dans les musées, dans les galeries et les collections, les tableaux des maîtres; à défaut de ces moyens, des photographies ou des reproductions de bonnes toiles, pourront être consultées pour le choix d'une composition. Nous ferons une recommandation aux personnes ayant peu l'habitude de peindre : Ne faites poser qu'une seule pièce de gibier pour les premières études. Quand l'habitude sera acquise, vous en augmenterez le nombre qui ne devra pas dépasser trois, ou cinq au plus, cela est très suffisant. Pour aborder l'étude d'un chevreuil de grandeur naturelle, il faut être en possession d'un métier qui ne s'acquiert qu'après un temps relativement long, quelle que soit la facilité dont on soit doué.

Les oiseaux. — La plume ne se peint pas comme le poil et demande dans bien des cas, une souplesse de main et une habileté d'exécution particulières. L'aile d'un oiseau quelconque, celle du plus humble moineau comme celle du plus brillant coq de bruyère, au plumage d'or et de pourpre, possèdent une finesse de dessin, une coloration et un tissu particuliers qui ne se peuvent comparer et qu'il faut s'appliquer à bien rendre pour le charme de ce genre de tableaux.

Moyen de peindre la plume. — Le pinceau de martre est préférable à la brosse. On se servira donc avec succès des pinceaux plats qui ont l'avantage de faciliter le dessin et *la touche dans le sens*, ce qui a une si grande importance lorsqu'on peint de la plume.

La planche en couleur ci-jointe montre une composition symbolisant un retour de chasse et peut servir aux débutants pour comprendre ce que nous aurions omis involontairement.

Nous allons donc supposer que l'élève s'est procuré les mêmes oiseaux, qu'il les a disposés d'une façon semblable et qu'il se prépare à les peindre; voici ce que nous lui conseillons de faire : La toile qu'il est nécessaire de prendre pour peindre ces oiseaux de grandeur naturelle, devra être une toile dite toile de *douze paysages*, et elle sera choisie de préférence à toute autre toile apprêtée blanche. Le jaune clair ou le gris clair sont aussi très appropriés. Quand on se sera bien assuré des proportions par un dessin au fusain, on redessinera en observant les valeurs. Ce dessin sera fait avec des brosses ou des pinceaux en se servant d'encre de Chine; ce procédé est indispensable parce qu'il offre l'avantage de permettre des valeurs très foncées où elles sont nécessaires et de pouvoir peindre ensuite du premier coup les tons les plus noirs, sans craindre la transparence. Comme il a été prescrit pour toutes les études, on devra commencer par peindre le fond, en s'occupant tout d'abord des ombres portées par le geai sur le fond. Lorsqu'on se sera bien assuré de la valeur générale du fond qui représente une planche en bois de sapin, on peindra tout d'abord les tons clairs de ce fond, en les fondant pour qu'ils passent imperceptiblement du plus clair au plus foncé, puisque le côté gauche est sensiblement plus clair que le côté droit. Enfin, quand le fond semblera être bien juste de valeur, on y ajoutera quelques détails pour imiter les veines du bois. Les veines ou les dessins du bois s'obtiennent de la manière suivante : On prépare, sur la palette, un ton composé de terre de Sienne brûlée, d'ocre jaune et de blanc, puis à l'aide d'une brosse plate, un peu longue de soies (dite brosse à filer), que l'on trempe dans l'essence de térébenthine pure, on fait un mélange avec le ton préparé pour qu'il soit très liquide et l'on dessine avec, les veines du bois. Les formes de ces veines s'obtiennent facilement en se servant de la brosse comme d'une plume large quand on écrit en ronde et qu'on fait des pleins et des déliés. On remarquera que chaque partie de la veine obtenue d'un seul coup de brosse forme, comme l'indique le dessin, une sorte de voûte, avec un plein en haut et deux déliés. Pour obtenir le fondu du plein à l'intérieur de la veine, il ne s'agit que de frotter légèrement à l'aide d'une autre brosse plate ou d'un pinceau plat, propre et bien sec. Les veines du bois de sapin doivent être exécutées pendant que le fond est fraîchement peint. Si on le laissait sécher, les veines du bois n'obtiendraient plus le fondu nécessaire.

Voilà le procédé pour imiter le bois, mais comme ici ce bois ne doit jouer qu'un rôle secondaire, il faudra bien s'assurer que les détails des veines ne soient pas trop apparents pour qu'ils ne viennent pas nuire à l'effet qui doit être concentré sur les oiseaux uniquement. L'élève qui n'aurait pas déjà une science suffisante de la composition se demandera sans doute s'il ne les réussit pas du premier coup, pourquoi il se donnerait tant de mal à imiter les veines du bois qu'on voit si peu, quand on regarde l'ensemble du tableau, puisque, selon lui, la composition n'y perdrait rien. Ce serait une grave erreur, car ce détail qui semble inutile aux ignorants des règles de la composition, est cependant ici, indispensable pour occuper le vide du fond qui serait semblable de chaque côté, malgré le verre de vin qui relève la ligne et bouche une partie du vide.

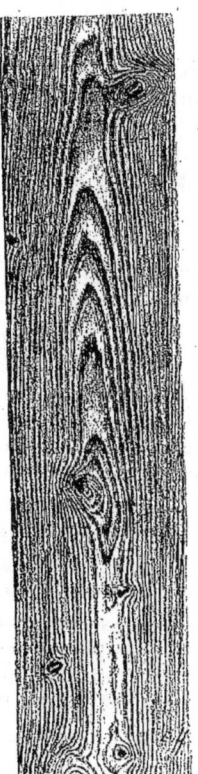

Les veines du bois de sapin.

Manière de peindre le geai. — L'étude sera continuée en exécutant le geai, et c'est par les parties dans l'ombre que l'on commencera. Les plumes de l'aile qui touche le fond, seront exécutées tout d'abord; elles devront être peintes à l'aide de brosses plates très douces ou de pinceaux de martre plats, un peu larges, et en s'efforçant de peindre bien dans le sens de la plume. Le ventre de l'oiseau et les parties dans l'ombre se peindront ensuite au moyen des pinceaux de martre ou des brosses douces à volonté, mais en n'employant qu'une demi-pâte. On reprendra l'étude par le haut pour la continuer, et on exécutera la patte suspendue, en plaçant d'abord l'ombre, la demi-teinte et le clair, le clou, la ficelle et l'ombre portée de la patte sur le fond, termineront cette partie. Les plumes blanches du bas-ventre seront peintes ensuite et la queue s'exécutera en plaçant d'abord les tons les plus noirs, puis en ajoutant les plumes grises dans l'ombre. On terminera cette partie, en peignant la seconde patte comme la première.

L'aile qui est la partie importante de l'oiseau, en raison des noirs intenses et des beaux tons bleus qui la colorent, devra être peinte avec vigueur, avec plus de pâte, pour lui donner du relief, la faire avancer et sortir du fond. Pour aider à trouver plus vite les tons bleus en peignant, on devra préparer quelques tons bleus sur la palette. Ces bleus seront obtenus comme on voudra, et en y ajoutant tout ce qui semblera utile pour faire le ton juste, soit du bleu de Prusse, soit de l'outre-mer avec du vert émeraude et du blanc. La liberté la plus entière est laissée au peintre, pourvu qu'il observe les valeurs justes des bleus dans l'ombre, dans la demi-teinte et dans la lumière. C'est par la tête du geai que cet oiseau sera terminé; les tons gris des ombres seront placés tout d'abord. On continuera en posant les tons roux les plus foncés et on les modèlera en y ajoutant les mêmes tons, plus clairs de ces plumes. L'ombre portée qui se trouve sous la tête et le détail des plumes de l'aile de la perdrix s'exécuteront ensuite, et ce n'est qu'après, que la tête du geai sera continuée par le bec et les plumes noires qui l'accompagnent. Les plumes blanches ou rousses très claires seront mises pour terminer. Toutes les plumes de la tête et du cou seront peintes en observant attentivement les masses d'ombre et de lumière, en ne se préoccupant que de l'ensemble et de l'effet général, sans s'attacher à peindre chaque plume. Quand l'effet sera obtenu, on pourra alors par quelques coups de pinceaux un peu plus empâtés, ajouter des accents plus clairs, là où on les voit dans la nature. Ces accents qui donnent un grand charme à l'exécution quand ils sont mis discrètement, deviendraient très désagréables si on en faisait abus. C'est ce qu'il convient d'éviter. C'est par les ailes qui touchent le fond que l'étude sera continuée le lendemain. Nous disons cela, car il est à supposer que l'étude du fond et du geai auront occupé toute la journée de l'élève; quoi qu'il en soit, c'est toujours de la manière que nous prescrivons qu'il faudra procéder.

Nous avons dit au commencement de ces explications que les ombres portées par les objets sur le fond, devaient se peindre en même temps que le fond; si on a suivi ce conseil, les ombres portées des ailes ayant été peintes, nous ne nous en occuperons plus. Cependant si ces ombres ont été peintes la veille et qu'elles soient absolument sèches, il sera nécessaire de les repeindre légèrement, mais seulement à la place qui touche les plumes pour que les touches nouvelles se lient bien avec l'ombre. Si on ne suivait pas ces prescriptions, il en résulterait un travail *maigre* et d'un aspect sec du plus vilain effet, d'autant plus que la souplesse est de rigueur dans le rendu du tissu de la plume. La touche, pour peindre les plumes des ailes, devra être *plate* et traînée dans le sens comme l'indiquent les traits du dessin ci-contre.

On peut, en se rendant bien compte de la valeur et du ton général, peindre tout l'ensemble d'un seul ton. Ensuite on dessine les ombres et les traits qui séparent chaque grande plume avec le pinceau à filets; puis, à l'aide d'un pinceau plat, on ajoute quelques tons plus clairs pour modeler chaque plume, en ayant bien soin de peindre dans le sens des barbes.

Le petit oiseau du fond sera peint ensuite en commençant par les tons les plus foncés; on le terminera en ajoutant les petits points blancs qui émaillent son plumage.

La perdrix devra se commencer par les tons fauves du ventre, en procédant par des *tons à plats,* c'est-à-dire sans modeler les deux

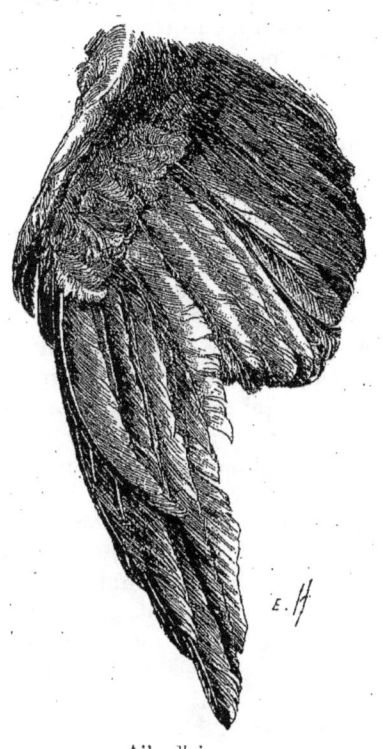

Aile d'oiseau.

valeurs claires et foncées. On dessinera avec le pinceau et on modèlera les parties les plus foncées qui seront terminées par les accents les plus clairs. Toute la partie du ventre, près de l'aile, doit se peindre d'un ton foncé, gris bleu, on modèle ensuite en posant les tons gris clair qui doivent se fondre aux endroits où ils touchent les plumes fauves. Pour obtenir un bon résultat, on pose le pinceau vers le centre du ton gris et on allonge la touche dans le sens de la plume, en dirigeant le pinceau vers le ton fauve qu'il devra recouvrir légèrement au bord. On doit terminer le ventre de l'oiseau par les tons foncés, bruns et noirs, dont il est bariolé; ces détails doivent être très fondus et peints sans épaisseur.

La tête se peindra comme il a été dit plus haut pour celle du geai, en commençant d'abord par peindre la table et l'ombre portée de la tête et du cou. Le cou sera continué en plaçant les tons fauves les plus foncés et en les modelant par un ton plus clair mêlé de gris, pour qu'il se fonde et *passe* doucement au gris pur qui a été peint précédemment. Les petits points noirs seront ajoutés ensuite, puis les petites plumes claires d'un blanc jaune termineront l'oiseau.

L'aile de la perdrix doit être peinte avec plus de soin que tout le reste, en raison de l'importance de l'effet qui s'y attache, puisque c'est là que se trouve placée la note la plus claire du bas du groupe et qu'elle est accompagnée du plus grand noir de l'ensemble. Voici comment on procédera : Le bord de la table ayant été peint, on placera les noirs de l'ombre portée, en étudiant bien leur ton qui est chaud, par rapport au plumage noir des oiseaux. Ces ombres ne devront pas être peintes avec tout ce que la palette permet de plus foncé, car il ne faut pas oublier, que dans l'ombre, il y a sous l'aile, *un repiqué* plus foncé encore, qui aide au relief, et qu'il est indispensable de ménager. Les plumes de l'aile vues dans l'ombre seront peintes en observant leur valeur et leur transparence, mais il est nécessaire d'exécuter avant, la partie intérieure de l'aile qui est excessivement claire et pour laquelle on a toute liberté d'empâtement, surtout sur la partie qui se trouve en avant. On peint alors les plumes dans l'ombre dont l'opposition par le ton et le dessin doivent faire obtenir un relief puissant.

Avant de peindre la grive dont la tête pendante meuble le devant du premier plan, on devra terminer la table en observant exactement les trois valeurs générales, l'ombre de la partie fuyante, la demi-teinte du devant et le clair du dessus. Les détails jaunes du bois apparents sous la peinture grise seront mis ensuite avec sobriété et cette partie sera terminée par le gris clair du luisant placé sur le bord, où frappe la lumière.

L'ombre portée de la tête de la grive, ainsi que celle de l'aile et de la queue ayant été peintes, on procédera par l'exécution des parties foncées de la tête, de l'œil et de la queue, puis on peindra les pattes qui sont, pour les parties dans l'ombre, de la même valeur que l'ombre de l'aile et on les terminera par le ton gris clair qui les modèle, ainsi que les queues des deux petits oiseaux.

La demi-teinte du ton fauve sera ensuite placée et fondue avec les tons gris, dans l'ombre du ventre de la grive et sera terminée par les petits points noirs du plumage. Lorsque le bec aura été peint, on terminera cette étude par les tons les plus clairs du cou et du ventre qui sont jaune fauve et blanc, sans oublier les fines lumières qui dessinent et détachent les plumes de l'aile dans l'ombre. La patte rouge de la perdrix terminera le groupe des oiseaux.

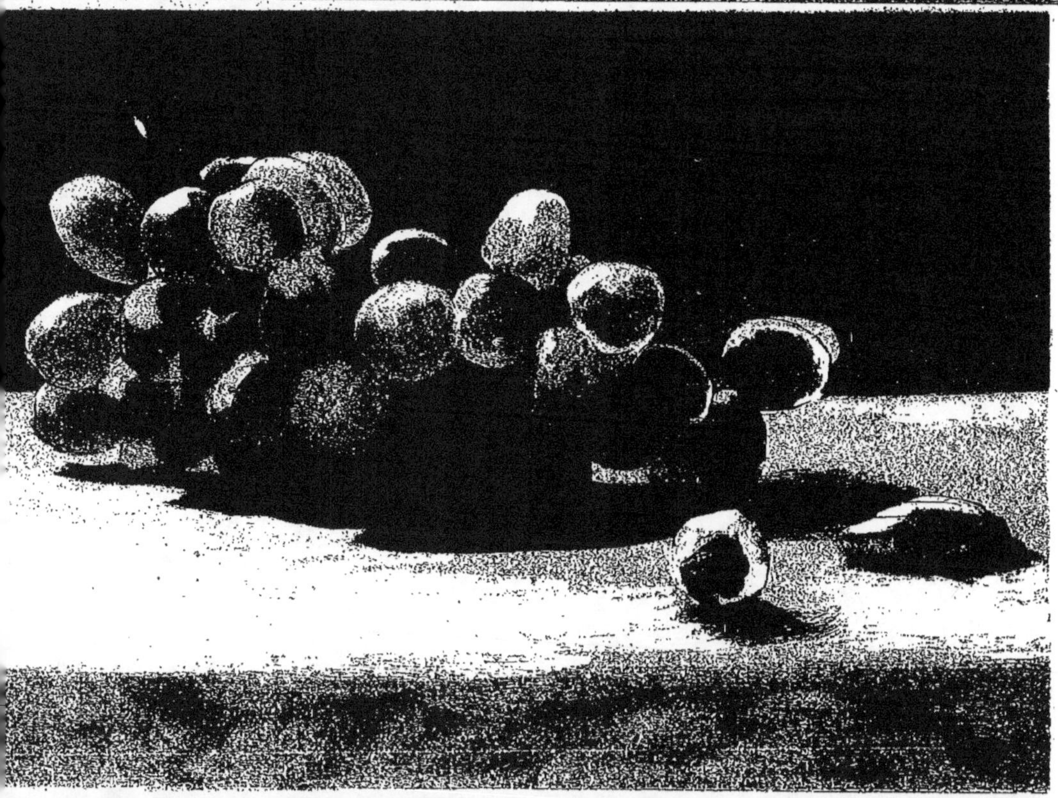

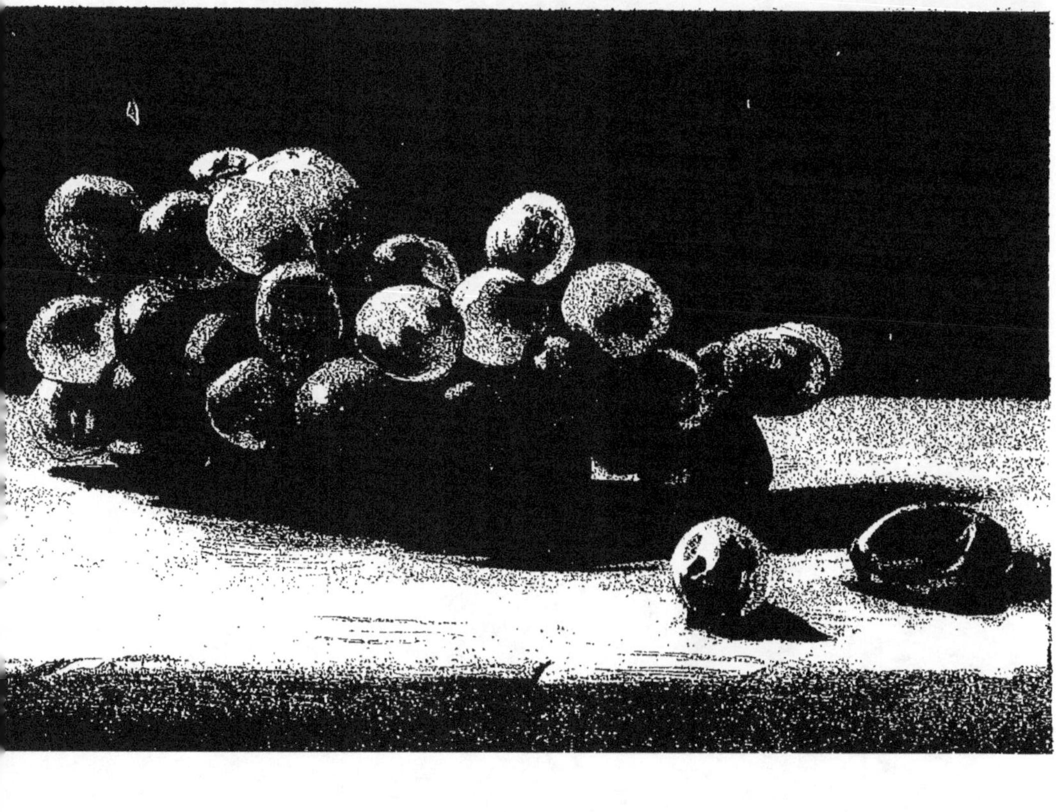

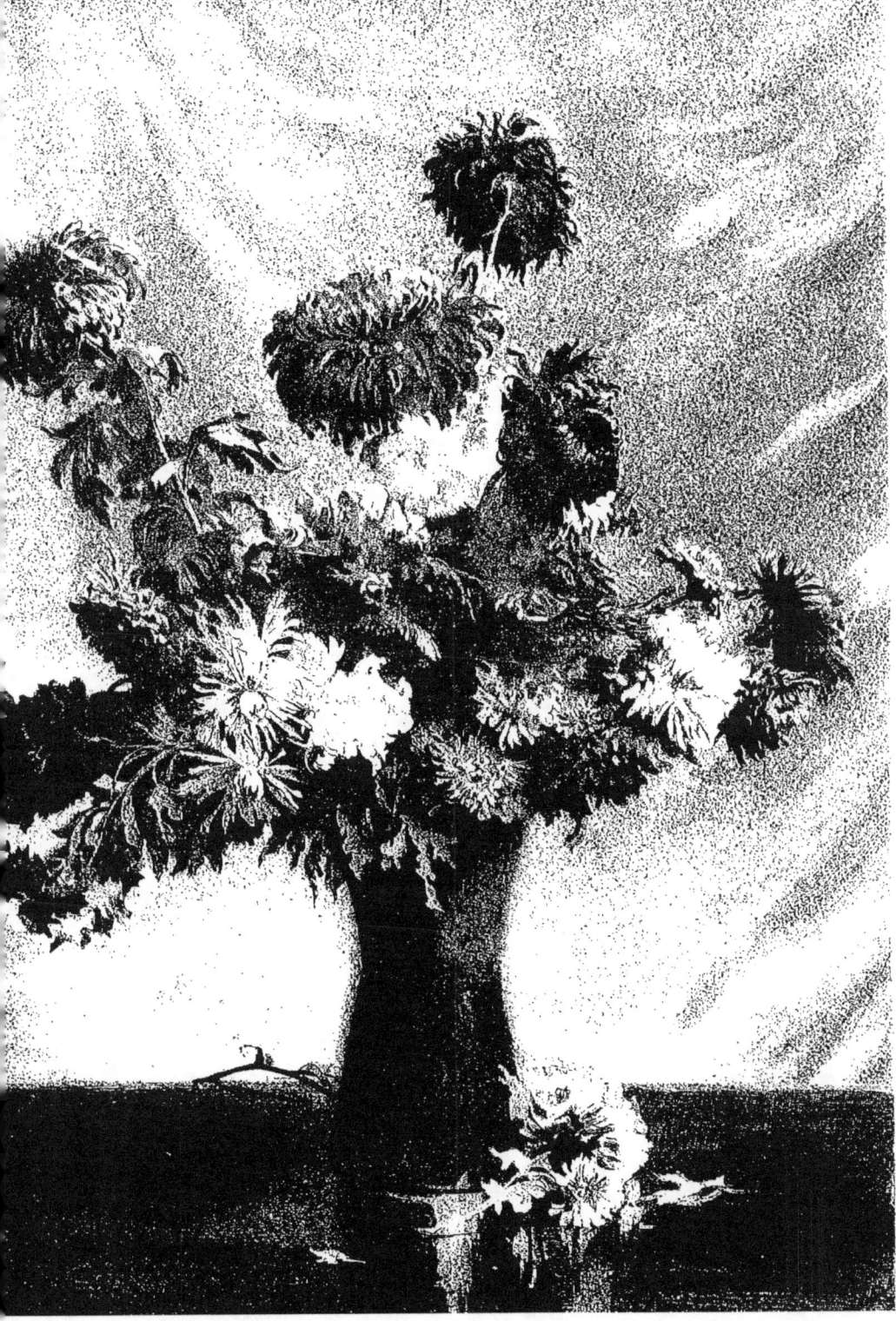

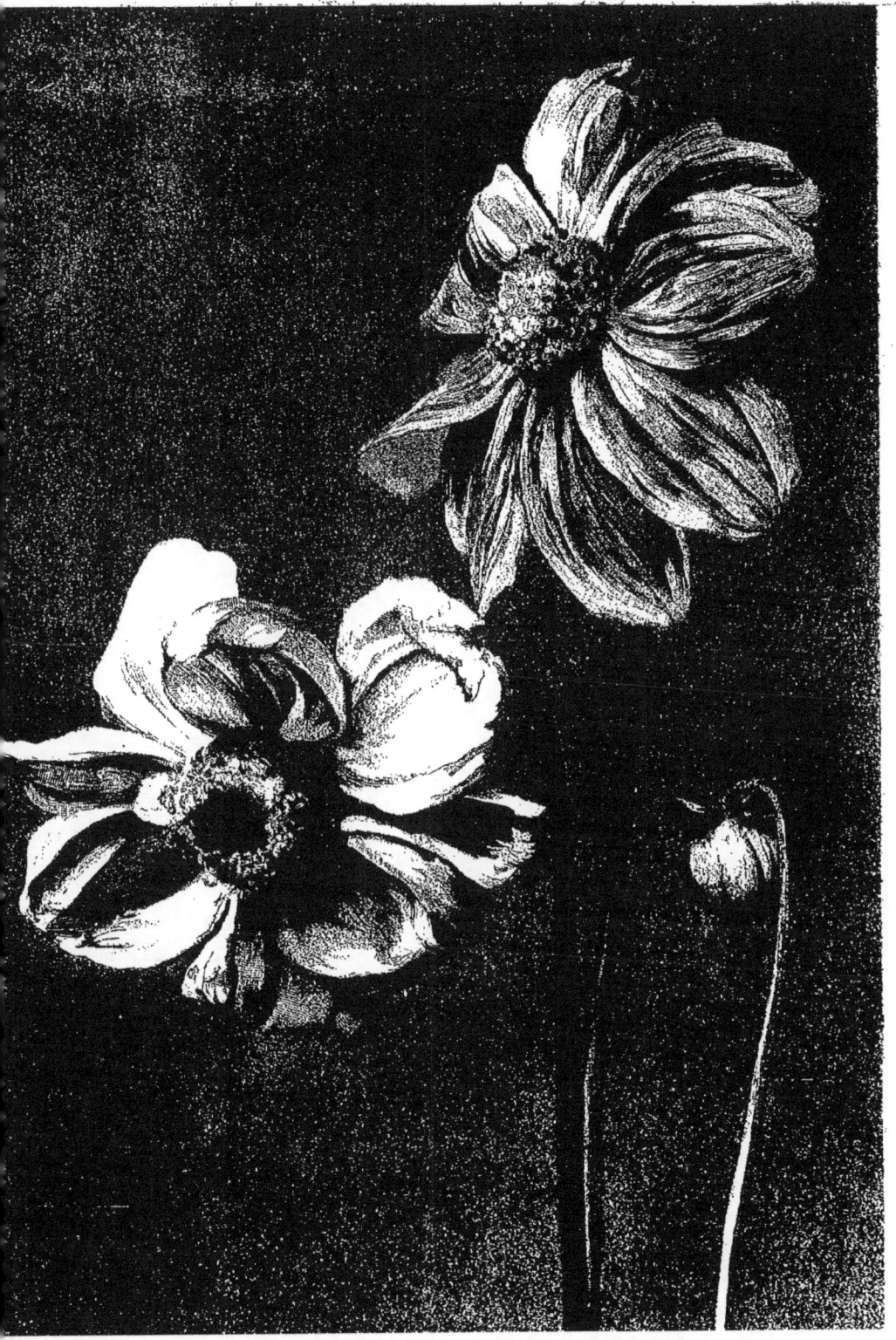

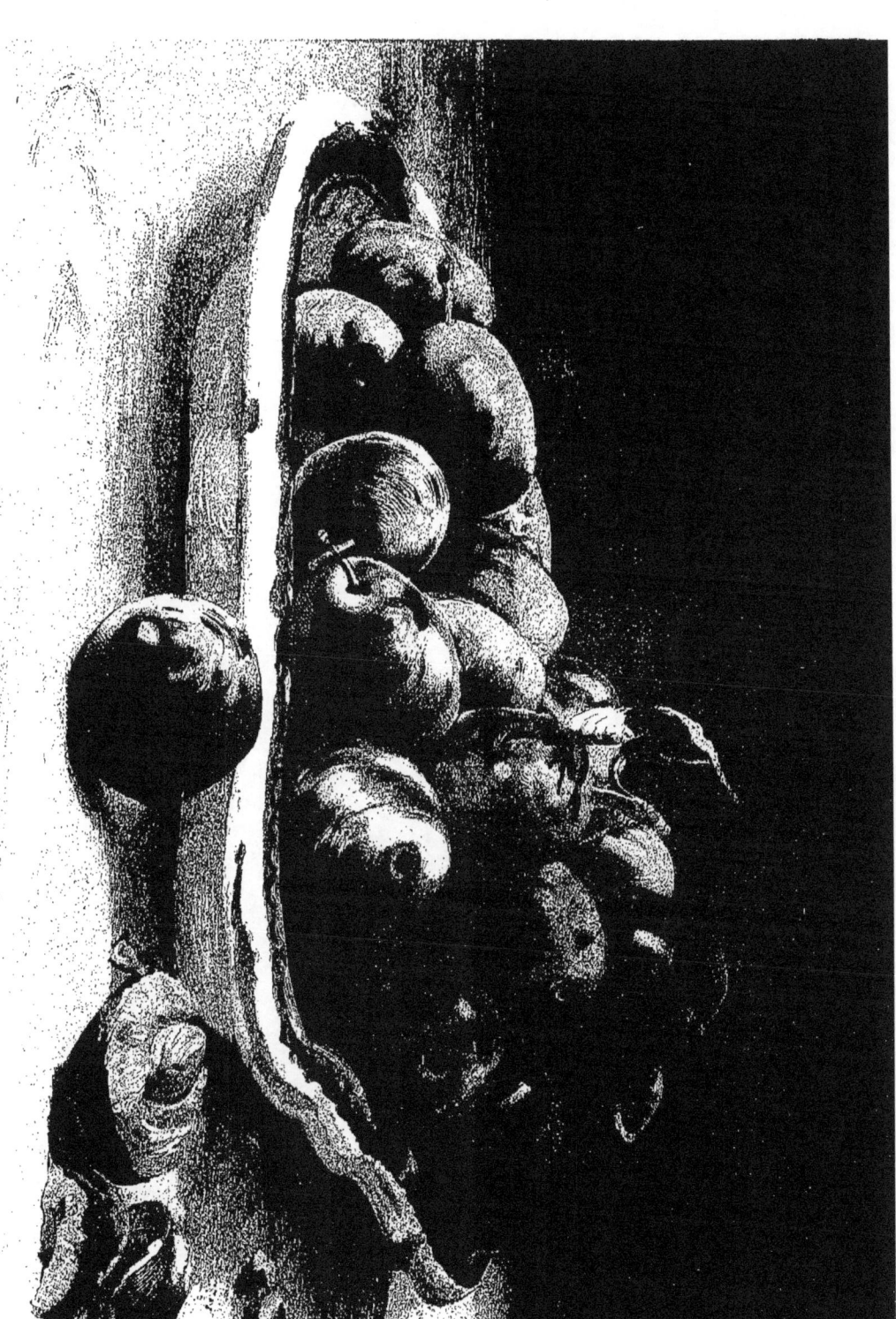

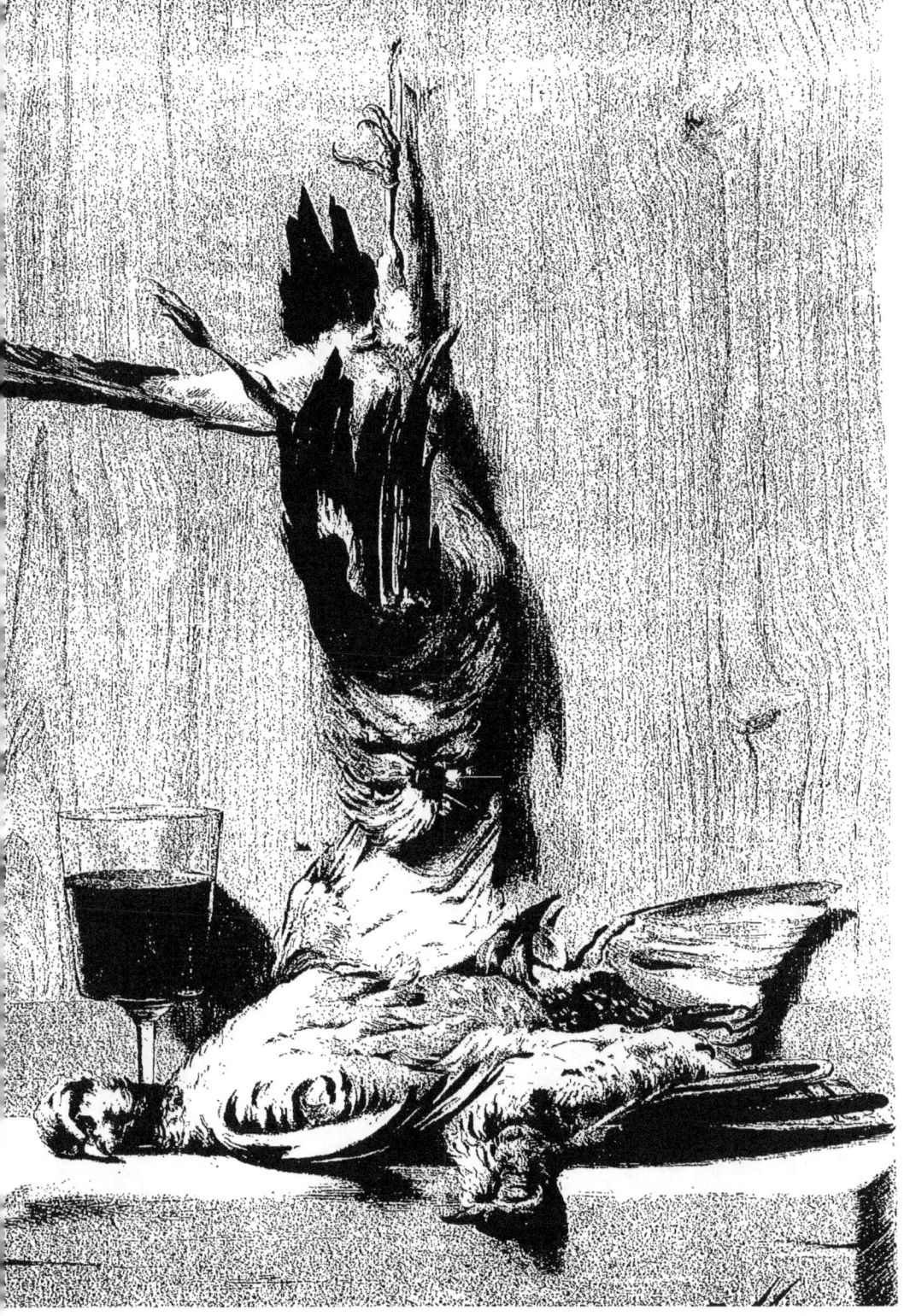

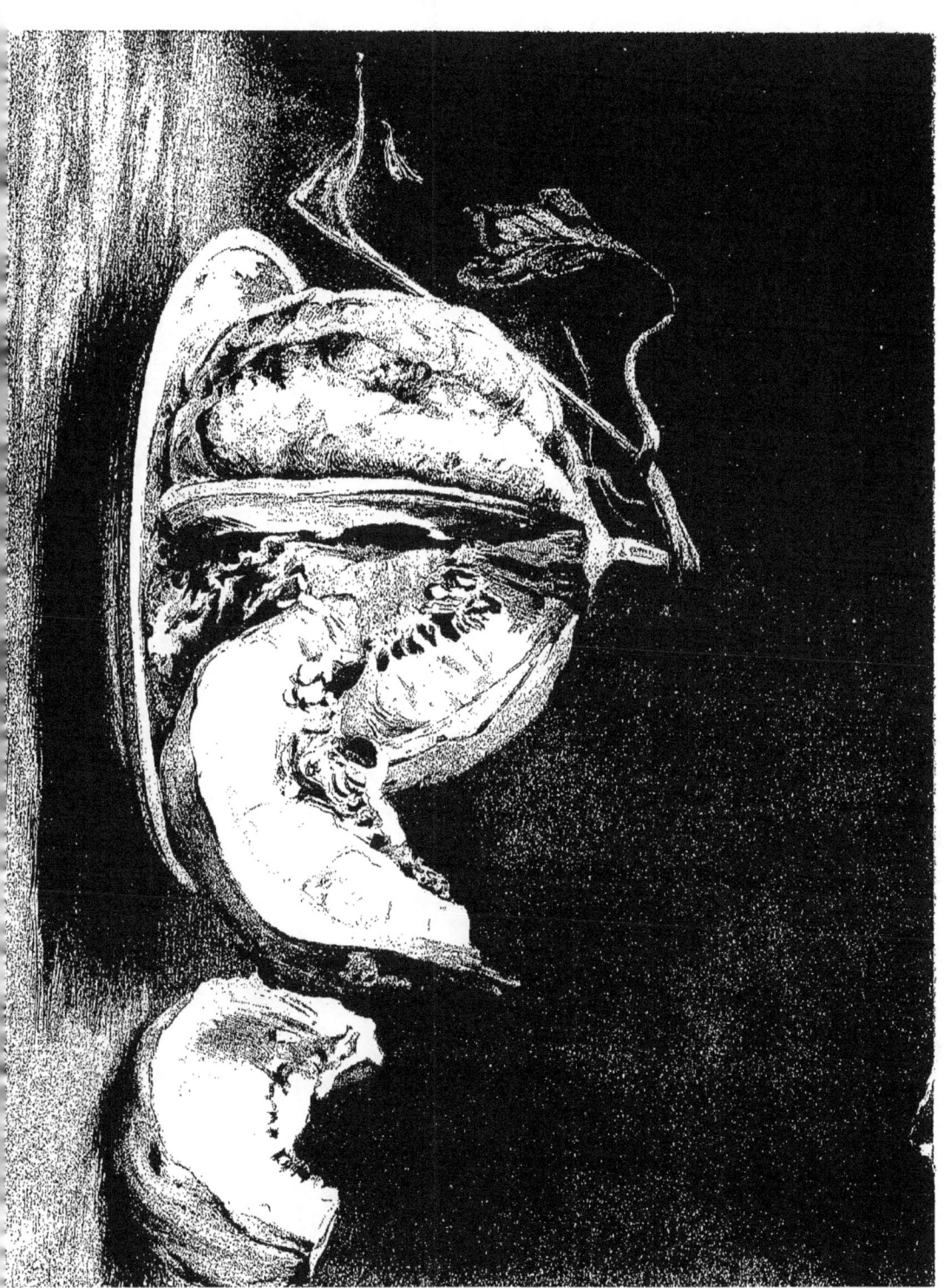

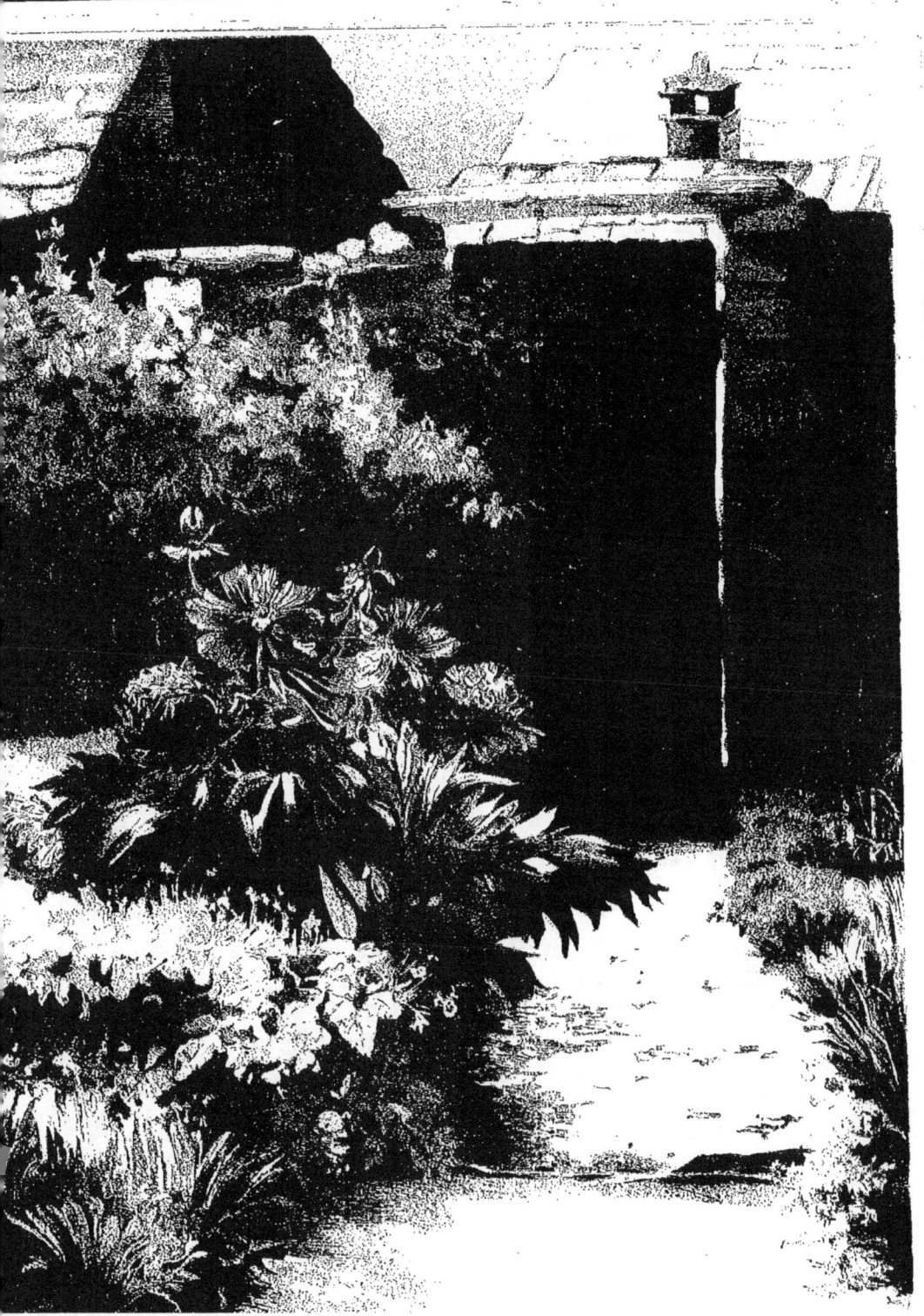

H. LAURENS, ÉDITEUR, 6, RUE DE TOURNON, PARIS.

Enseignement pratique des Beaux-Arts. **TRAITÉS DIVERS**

Collection illustrée in-8 à 6 fr.

J. GODON. La peinture sur toile imitant les tapisseries. 1 vol in-8.
KARL-ROBERT. Le dessin et ses applications. 1 vol. in-8.
— Enluminure des livres d'heures. 1 v. in-4.
— Fusain sans maitre. 1 vol. in-8.
— Gravure à l'eau-forte. 1 vol. in-8.
— Modelage et sculpture. 1 vol. in-8.
— Pastel. 1 vol. in-8.

KARL-ROBERT. Peinture à l'huile, paysage. 1 vol. in-8.
— Peinture à l'huile, portrait et genre. 1 v. in-8.
— La céramique. 1 vol. in-8.
— La photographie. 1 vol. in-8.
MEYER (A.). L'art de l'émail de Limoges ancien et moderne. 1 vol. in-8.
ROCHET (Ch.). Traité d'anatomie appliquée aux beaux-arts. 1 vol. in-8.

Collection illustrée in-8 à 2 fr.

J. CLOSSET. La pyrogravure. 1 vol.
G. FRAIPONT *. Le dessin à la plume. 1 vol. in-8.
—*Manière d'exécuter les dessins pour la photogravure et la gravure sur bois. 1 vol. in-8.
—*L'art de prendre un croquis et de l'utiliser. 1 vol. in-8.
—*Le crayon et ses fantaisies. 1 vol. in-8.
—*Le fusain. 1 vol. in-8.
—*Eau forte, pointe sèche, burin, lithographie 1 vol. in-8.

KARL-ROBERT. Le fusain sur faïence. 1 vol. in-8.
LABITTE. L'art de l'enluminure. 1 v. in-8.
LIBONIS. Traité pratique de la couleur dans la nature et dans les arts. 1 v. in-8.
OTTIN. L'art de faire un vitrail. 1 vol. in-8.
RIS-PAQUOT. Traité pratique de peinture sur faïence et porcelaine. 1 v. in-8.

Collection à 1 fr. 50

ALLONGÉ. Le fusain, in-8.
GABORIAUX (A.). A B C du peintre. 1 vol. in-18.
KARL-ROBERT. Les procédés du vernis Martin. 1 vol. in-18 grav.
— La peinture sur émail. 1 vol. in-18.
— Traité pratique de la miniature. 1 vol. in-18 grav.
— Traité pratique des peintures sur étoffe. 1 vol. in-18 grav.
— Traité pratique des peintures à la gouache. 1 vol. in-18 grav.
— Traité pratique de la photominiature. 1 vol. in-18 grav.
ESQUIÉ. Vignole. Traité élémentaire d'architecture.................. 10 fr.
G. FRAIPONT. L'art d'utiliser ses connaissances en dessin, 300 dessins inédits, fac-similés et planches hors texte, en teinte, etc. 1 joli vol. in-8 sous élégante reliure................ 12 fr.
* Ce livre est la réunion des six petits volumes annoncés plus haut dans la Collection à 2 fr. et marqués d'un *.
RIS-PAQUOT Le peintre céramiste amateur, ou l'Art d'imiter les faïences anciennes................. 25 fr.

KARL-ROBERT. Les éléments de la perspective pratique. 1 vol. in-18 grav.
— L'imitation des tapisseries anciennes. 1 vol. in-18 grav.
— Le vitrail simplifié. 1 vol. in-18 grav.
— Le découpage artistique, la marqueterie, la pyrogravure. 1 vol. in-18 grav.
— Les imitations céramiques, la métallisation du plâtre, la galvanoplastie. 1 vol. in-18 grav.
POULAIN. La lepidochromie ou l'art de décalquer et fixer les couleurs du papillon. 1 v. in-8. avec gravures.
ROCHET. Petit atlas d'anatomie artistique. 1 vol. in-8 avec 40 planches.
RIS-PAQUOT. Traité pratique élémentaire de phototypie à l'usage des imprimeurs, photographes et amateurs. 1 beau vol. in-8 contenant 21 pl. et vignettes en phototypie................ 10 fr.
RUDHARDT (Ch.). L'art de la peinture, science de la couleur, ses lois, sa perspective s'appliquant à tous les genres : le métier, la pratique, la peinture à l'huile, la peinture à la cire. 1 vol. in-18................. 3 fr.

ENVOI FRANCO CONTRE MANDAT-POSTE.

ÉVREUX, IMPRIMERIE DE CHARLES HÉRISSEY

www.ingramcontent.com/pod-product-compliance
Lightning Source LLC
Chambersburg PA
CBHW070154230526
45471CB00002B/661